国家衰退を招いた日本外交の闇

前駐豪大使
山上信吾

徳間書店

はじめに

40年に及んだ外交官生活に終止符を打ち評論家生活を始めてから、早くも1年余りが経った。

日本外交を取り巻く闇の深さに徒労と絶望を覚え、右も左も分からないままに飛び込んだ世界。率直に言って、不安感がなかったと言えば嘘になるが、その場しのぎの対外応答要領に縛られることなく、かつ、臆病な上司や熱量の足りない部下から自由になった解放感は格別だった。

同時に、お蔭様でベストセラーになった「中国『戦狼外交』と闘う」(文春新書)、「日本外交の劣化　再生への道」(文藝春秋)はじめ短期間で5冊もの本を出版し、日本全国を講演行脚し、インターネットテレビ等でのインタビューを重ねるにつれ、外務省という組織の中にいては感じられなかったものを肌身で痛感するようになった。日本外交に対する関心の高さ、そして、現状に対する不満の強さだ。

「山上先生、なんで日本外交はこんなに弱腰なんですか？」

何度聞かれてきたことだろう。

本音を言えば、役人時代にもそんな声が耳に入らないことはなかった。折に触れて桜田通りを疾走する街宣車の雄叫びは一例だ。でも、目の前の懸案処理に追われ、「外務省構文」で国会やメディア対応をしのぐ性癖が身についてしまうと、自分のやっていることが正しいような錯覚の虜になってしまうものだ。大きな組織に属していればいるほど、そうした傾向が顕著なようだ。

だが、ひとたび組織の軛《くびき》から解放されると、現実の世界がフィルターを通じることなく鮮明に視界に入ってくる。今まで私を外務省側の人間だと思って遠慮していた人も、あけすけな批判や意見をぶつけてくる。典型例は、前述の「日本外交の劣化　再生への道」を興味をもって読んでくださった方々だろう。ありがたいことに6刷に入り、3万部を突破した。出版社自体がこれほどヒットすると思っていなかったようで、意外な展開に喜んでくれている。

何人もの読者から、「実名入りであそこまで書いて大丈夫ですか？」と尋ねられた。

はじめに

実は、80代、90代になった外務省の大先輩方からは、「よくぞ書いた」「君の言っていることに120％賛同する」とまで言ってもらい、100倍の元気を頂戴してきた次第だ。引き続き外交最前線で激務に追われている後輩たちからは、「動画を含めてすべてフォローし勉強しています」とのうれしい激励に接してきた。だからこそ、日本外交の再生は不可能ではないと信じている。

その一方で、私が実名入りでその言動を批判した自尊心だけが異様に高く、大使さえしてこなかったか、大使としてさしたる実績を残してこなかった一部のOBからは「書きすぎだ」「人事上の私怨だ」などという的外れの批判と合わせて、人格攻撃の囁き作戦が仕掛けられていると聞かされた。如何にも外務省らしい反応だ。こんな有様だからこそ、田中眞紀子のような口も出来も悪かった外務大臣から「伏魔殿」という俗受けする不名誉な呼称を付与されてきたのだろう。

そのような雑音に惑わされることなく私が退官後過去一年にわたり心がけてきたのが、日本外交の現状について国民の理解を深めるための「発信」である。本来は外務省の現役幹部やメディアに登場する機会に恵まれている一部OB連中がやれば良いことでもあるが、彼らが碌《ろく》にやらないので代わりにやってきた、というのが正直な気持ちだ。

幸い、徳間書店のインターネットニュース「アサ芸ビズ」に毎週月曜日に連載しているコラム「日本外交の舞台裏を抉る！」、インターネットテレビの文化人放送局での毎週木曜日のレギュラー出演、X（@YamagamiShingo）での日々の発信など、現役を退いたからこそ閉ざされた言論空間を出て自由に発信する機会がある。インターネットやSNSが普及した時代だからこそ、大新聞や地上波テレビ局などの「オールドメディア」に依存することなく外交問題について発信できるのだ。何とも素晴らしい時代ではないか。

本書は、前記の問題意識に立って「アサ芸ビズ」で開陳してきた拙文の集大成がベースとなっている。外務省員の意識や行動癖、外務省という組織の宿痾、日本外交の改善点などについて光を当てたコラムの主要なものをまとめて読者のご高覧に供することが有意義ではないかと考えた次第だ。

同時に、そうした視点に留まることなく、日本が抱えている大きな外交案件である日米関係、日中関係、日露関係のそれぞれについて一章ずつ割いて現下の問題や処方箋を綴ってみることとした。

第一章の日米関係については、昨年の大統領選挙の総括から始めて、トランプ政権との関係構築に苦労している石破政権の問題を取り上げている。ルビオ国務長官の誕生等の展開を踏まえ、尖閣諸島問題や靖國神社参拝問題について日米が協力して何ができるか、今までの枠から飛び出た発想こそ必要だろう。また、台湾有事への対応を練る上では、中国による武力行使の際には中国政府が金科玉条視してきた「一つの中国」からの脱却を明言しておくこと自体が抑止力になるという考えを説明している。大きな物議を呼ぶだろうが、今まさに議論しておくべき大事な論点と考える。

さらに、トランプ政権の陰の部分、すなわち関税引き上げ、そして保護主義的措置についての所見も披露した。この関連では、日本製鉄によるUSスチール買収への及び腰を改め、官民が一体となってバイデン政権時代の買収阻止決定を巻き返す必要は明らかだ。「米国にノーと言う」「米国に物申す」ことが「反米」とのレッテル貼りを招くような怯懦を脱すべき時代が到来しているのである。

現下の対中姿勢こそ、弱腰外交の最たるものだろう。日中関係を取り上げた第二章では、弱腰外交の原因を掘り下げて分析した。あまたの機会に様々な識者から指摘されてきたチャイナスクールの問題を考察するとともに、中国からの圧力に対する抵抗力を増すための人事政策についての提案まで踏み込んだ。また、嫌中でも媚中でもない是々非々で対応する観点からは、一度ならず暴言を吐いてきた中国外交官に対するペルソナ・ノン・グラータ適用の是非を検討した。さらには、在中国邦人に相次ぐ斬りつけ事件、領空侵犯などの最近の事象に触れつつ、今後の政権がとるべき対中姿勢について包括的に論じることとした。

第三章で論じたロシアとの関係については、今は不用意に動かないに尽きる。令和版の臥薪嘗胆が大事だ。そうした意識を共有できるよう、日本の近現代史におけるロシアとの事象を改めて考察した。開国時の対馬占領事件、日清戦争後の三国干渉、大東亜戦争末期の日ソ中立条約違反を冒しての対日参戦など、歴史に学ぶべき良い契機だ。あれだけの熱意と資源を傾けた安倍政権の北方領土交渉が何ら成果をもたらさなかった以上、その失敗を冷徹に振り返り、教訓とする必要がある。ロシアンスクールも条約局出身者も政治の前のめりを諌めることができず、プーチン大統領の対応を読み違えた原因を追求し、領土交渉のリセットの必要性を論じた。さらには、ウクライナ戦争の展開、最近の露朝の接近が持つ意味を考察し、日本として取り得る対北朝鮮宣伝工作などについても筆を進めた。

第四章では先述の通り、アサ芸ビズに既に掲載してきたコラムのうち、今の外務省が抱える実態をよく表したものを収録した。精強な日本外交を実現するための研修や人事といった硬派の話題に始まり、「不倫の外務」と言われてしまう組織文化、外交官夫人に適した女性像といった軟派のテーマ、さらには公邸料理人やテーブル・マナーなど外交を進めるに当たって必要不可欠な要素についても広くカバーした。

最終章では、かつてNHKの敏腕政治記者として二度にわたりワシントン勤務をされた手嶋龍一氏との対談を掲載した。ご本人も認める通り、憂国の情溢れる保守派の私とは考え方や情勢認識、歴史観も異にする手嶋氏。だからこそ、互いの本音をぶつけ合い、知的刺激に富む対談ができたのではないかと自負している。これも徳間書店の人選の賜物だ。

特に、「何をもって『反米』とするのか?」、「負ける戦争は絶対にしてはならないのか?」といった論点については、多くの読者の関心と興味を引くのではないかと期待している。防衛省、自衛隊関係者から「石破茂」ならぬ「石破ニゲル」との有り難くない呼称を奉られてきた石破総理。だが、未曽有の国難に直面し、石破政権に「逃げる」選択肢はもはやない。

安倍晋三という160キロの切れ味鋭い速球を投げるエースが不慮の事故でマウンドを降りた後、「チームジャパン」のリリーフ陣は直球130キロ台の打たせてとる軟投派が続いている。そして、外角低めへのクセ球「ズライダー」を持ち味とするワンポイント・リリーフは、ストライクさえ入らずランナーを溜めつつあるのが今の試合状況だ。どうやって大量失点を防ぐか? が最大の課題なのだ。

本書が何らかの視座を与えることができるのであれば望外の幸せである。

目次

第二章　対中国

「遺憾砲」の連発で舐められる日本　69

問題山積みの対中外交／弱腰外交の原因／チャイナスクールの問題／出世街道の複線化／媚中に次ぐ媚中／駐日中国大使の暴言　これぞ「ペルソナ・ノン・グラータ」ではないのか？／外交官の保護／その裏面としての「ペルソナ・ノン・グラータ」／中国大使発言への当てはめ／日本政府の抗議／現実的な対応／在留邦人への斬りつけ殺傷事件／深刻な領空侵犯／あるべき対中姿勢

第三章　対ロシア
どうする北方領土問題　119

背信の歴史／ルサンチマンの思い／ロシアの極東軽視／安倍外交の功罪…なし崩しの北方領土交渉／対露外交の陥穽《かんせい》／国際常識との乖離／外務省の対応／領土交渉の経緯／二島返還の意味／外務省の不作為と沈黙／プーチンの対応の読み違え／政策の転換？／今後の領土交渉／「リセット」を懸念するロシア側／ロシアンスクールの問題／生かされない「東郷事件」の教訓／ウクライナ戦争が持つ意味／北朝鮮への揺さぶり／露朝「同盟」の日本にとっての意味

第五章

第一章　対アメリカ

大谷翔平をいたわれないEQ

アメリカ大統領選挙を振り返って

カマラ・ハリス候補への共感を隠さなかった大方のオールドメディアの希望的観測に反し、トランプ圧勝に終わった昨年11月の米大統領選。最大の特徴は、サプライズの多さだった。

まずは、現職のジョー・バイデン大統領の動きだった。周囲の懸念にもかかわらず高齢をおして再選を目指したものの、結局は能力・気力の低下に抗し得ず離脱。ドナルド・トランプ候補との討論会では支離滅裂な発言に走り、トランプ氏から「何を言っているのか自分でも分からないのでは?」と揶揄されるほどの大失態を犯した。

次にトランプ氏。歯に衣着せぬ攻撃的言動は相変わらずだったが、二度にわたり暗殺未遂に遭った。米国社会の分断の根深さと、相互の陣営の憎悪に近い対立を体現する展開だった。

そして、カマラ・ハリス副大統領。バイデン氏の出馬辞退を受け、民主党支持者の期待を一身に担って躍り出たものの、彼らが期待していたほど伸びなかった。バイデン政権の副大統領としての実績の乏しさが響いた。

昨年9月に行われた自民党総裁選の小泉進次郎候補を彷彿とさせる不勉強、中身のなさが印象的だった。米紙ロサンゼルス・タイムズや、同ワシントン・ポストなど、民主党候補が見込めたメディアの支持さえ得られず惨敗した。

第二の特徴は、政策論議の嘆かわしいほどの不在だった。

米国社会の分断は、トランプ大統領に始まった話ではない。オバマ元大統領こそが分断を加速させていたことは、識者が指摘するところだ。「トランプは原因ではなく、結果だ」こそ、至言だろう。

今回も分断は顕著だったが、共和党下院議員だったリズ・チェイニー氏（チェイニー元副大統領の娘）がハリス支持に回る一方、ジャマイカ系とインド系の混血としてマイノリティーに強いはずのハリス氏が黒人男性の支持確保に苦労したように、「分断」の様相は単純ではなかった。ちなみに、黒人男性の間でのハリスに対する支持は、オバマ氏はおろかバイデン氏よりも低かったとの数字がある。

興味深い「ねじれ」は、現職側の実績を俎上《そじょう》に載せて、それに対する信任を問うべき選挙であるはずなのに、民主党陣営はトランプ候補の危険性を「民主主義の敵」「ファシスト」などと声高に訴えることに終始し、あたかも「トランプ氏に対する信任・不信任」を問う選挙と化したことだ。「予測不可能なトランプ」と、「未知数のハリス」という戦いの中、ハリス候補側が自信の持てない政策論争を逃げた面は否定できまい。

悲しいことに、米大統領がますます大統領らしくなくなってきたのが第三の特徴だ。よぼよぼ歩きのバイデン氏が去った後、執拗に悪罵を浴びせかけるトランプ氏に、うつろな実態をホワイトニングの歯を剝き出した大笑いでごまかすハリス氏。こんな器ばかりでは、中国の習近平国家主席、ロシアのウラジーミル・プーチン大統領、北朝鮮の金正《キム・ジョン》恩《ウン》総書記らの高笑いと軽侮が勢いづくことだろう。日本に比べれば政治の世界に飛び込む人材の質は低くないはずのアメリカだが、大統領に人材が得られていない感は拭えない。

トランプ圧勝

蓋を開けてみれば、トランプ候補が312名もの代議員を獲得した。ハリス候補は226票。一般投票で20年ぶりに共和党候補が民主党候補を上回っただけでなく、7つの接戦州ですべてトランプが勝利。加えて、ホワイトハウス、上院、下院いずれも共和党が占める「トリプル・レッド」達成。どう見ても圧勝だ。

事前の予想では大方の内外メディアや自称アメリカ専門家が「大接戦」「最後まで分からない」と報じ続けていたことを多くの日本人は覚えている。上記の結果を見ても「接戦だった」などと論じる向きがあるのは、事実を糊塗するかの如くで噴飯物だ。だから「マスゴミ」「似非学者」などという有り難くない形容が流布することになってしまう。

三井物産戦略研究所特別顧問の緋田順氏（前三井物産ワシントン事務所長）をはじめ、アメリカ政治の内情に通じた識者は「トランプ有利」を終始言い続けていただけに、こうした落差が際立つ。

なんでこんなことになるのか？

はっきり言おう。最大の問題は、オールドメディアの根強い偏向だ。

日本経済新聞が買収したフィナンシャル・タイムズが好例だろう。アングロサクソン社会でエリートが読むべき新聞を気取っているものの、何のことはない、アメリカ大統領選挙では社説でハリス支持を明確に打ち出していた。「トランプは民主主義の敵、同盟国を見捨てる」というナラティブは、こうした中道左のメディアで全世界に拡散され浸透した。

第二に挙げるべきは、偏向と裏腹のハリス氏への過大評価だ。そもそもバイデン氏自身が凡庸な能力しかなく、自分の寝首を掻くことはなかろうと安心して選んだ副大統領だった。しかも、バイデン政権の4年間、担当の移民問題をはじめ、何ら実績を残せなかった。それなのに、バイデン氏が漸く退いてくれたと安堵したのか、民主党陣営、そして多くのメディアはハリス氏に過大な期待を抱いた。だが、乾坤一擲の意気込みで臨んだはずの保守的なフォックスニュースとのインタビューで、「(アメリカにとっての脅威は)イラン」とのみ述べるなど、地金を露呈し、安全保障を司る大統領の器でないことが明らかにされた。また、マイノリティー代表の触れ込みであったにもかかわらず、実際にはヒスパニックや黒人男性の支持がオバマ氏やバイデン氏に比べて劣ったことは、彼女の限界を如実に裏付けていた。

惨敗した後にあっても、「ガラスの天井」があったから負けたなどという論調が出回った。ヤンキー上がりの石破内閣の不勉強な閣僚がそうしたコメントをしたのは、本人の見識もさることながら、石破政権の米国理解の程度を象徴するものとも言えよう。

さらに検討を要するのは、「支持率をどこまで金科玉条扱いするか?」という長年来の課題だろう。

当たり前のことだが、支持率と得票率は異なる。「支持する」と世論調査会社に対して発言していた人でも、実際に投票しなければ票につながらないからだ。加えて、そもそも調査会社が接触してきた時に、答えない、嘘を言うということになれば、支持率自体の信憑性に疑問符が付く。トランプ支持者には、既成権力への反発が強く電話がかかってくると叩き切るようなブルーカラー層や、トランプ支持を明らかにしない隠れ支持者のホワイトカラー層がいることは夙に指摘されてきた点だ。

さて、日本にとって喫緊の課題は、自信をもってホワイトハウスに帰還したトランプ・バージョン2・0と如何にして信頼関係を作り上げ、日本の国益実現を図っていくかだ。その幸先が5分間の電話会談というのはあまりにも寂しく、不安満載だった。2月に入って漸く実現した日米首脳会談の重要性は言を俟たないが、首脳同士の相性が合わないなら、その下の大臣、次官、局長レベルで重層的に関係を構築していくしかあるまい。待ったなしなのだ。だが、後述するように、誠に心もとない状況が続いているのだ。

弱く見える米大統領

日米関係に話を進める前に大統領論をもう一つさせてほしい。

私自身、1985年から5年間、米国で生活した。その際の鮮烈な印象と経験から、米大統領と聞くとロナルド・レーガン氏がベンチマークとなって、他の大統領を判断する癖がついた。

「俳優上がりのタカ派」との冷笑に満ちたレッテル貼りもものかわ、「思いやりのある保守主義」の下に導かれた米国は、財政赤字と貿易赤字という「双子の赤字」に見舞われていたものの、まさに「丘の上の輝く町」の如く自信に満ち堂々としていた。「ジャパン・アズ・ナンバー1」などと誉めそやされた日本の経済的台頭に過剰反応し、「不公正貿易」を叩くことに汲々としていた一面もあったが、懐深いレーガン時代のアメリカ生活を経験できたことは、その後の外交官生活の基礎を形成するのに役立った。

予算に裏打ちされた圧倒的な軍事力、そして、マーガレット・サッチャー首相の英国、中曽根康弘総理の日本などと緊密に連携した外交。抑止を機能させて戦争を招くことなく冷戦に勝利し、ソ連の平和裡解体につなげたのがレーガン政権だった。今も「史上最高の大統領」の一人として高く評価されている。

翻って、ドナルド・トランプやカマラ・ハリスを振り返ると、その器と視野の狭量には粛然とせざるを得ない。だが、こうした問題は今に始まったわけではない。

第一章 対アメリカ 大谷翔平をいたわれないEQ

「弱い米国」を世界に焼き付けたのが、ジョー・バイデン大統領だ。

2021年8月、バイデン氏の米国は、長年にわたって多大のリソースを投入してきたアフガニスタンから逃げるように退却した。その有様を見て、翌年2月にウクライナ侵略を決行したのがロシアのウラジーミル・プーチン大統領だった。

バイデン氏のさらなる過ちは、ウクライナに米兵投入の意図がないことを当初からあからさまに認めただけでなく、武器支援が後手に回り、抑止の機能低下を招いたことだ。戦争の拡大を恐れるあまり、ロシア領土に撃ち込めるミサイルのウクライナへの供与を最後まで躊躇ったことは、その一例だ。

中東では、イスラエルのベンヤミン・ネタニヤフ首相との不仲は傍目にも明らかだった。地域での米国の最も親密な同盟国に対して、米国のコントロールが利かないことを露呈してしまった。ロシアがウクライナ戦争に追われただけでなく、イスラエルがレバノンのヒズボラのみならず、イランまでをも叩いた結果として、シリアのアサド政権の後ろ盾がシリア支援どころではなくなった。そして、50年以上にわたって圧政を敷き、ロシアに空軍・海軍基地を提供してきたアサド政権が崩壊した。こうした一連の流れをバイデン氏はどう受け止めていたのだろうか？　アメリカ大統領がすべてを見越して必要な石を打ってきたなどとは、誰も認識していないだろう。

アサド政権の崩壊はロシアのプーチン大統領にとってもブラインドサイドを突かれた驚きはあったろう。だが、弱いアメリカ大統領を見て、誰が喜んでいるかといえば、中国の習近平国家主席であり、プーチン大統領であり、北朝鮮の金正恩総書記、イランのハメネイ最高指導者だろう。

トランプ政権が誕生した現在、イスラエルとハマスとの停戦は成立したものの、ウクライナ戦争については、決着の仕方が不透明だ。日本にとって最も喫緊の課題たる台湾海峡情勢について抑止が効く保証はどこにもない。

米大統領に対して、ウクライナ戦争と東アジアの戦略環境の関連性を説くとともに台湾海峡の平和と安全確保の重要性を強く訴え、そのための抑止力、対処力の抜本的強化を促すべきは日本の総理の役目だ。なのに、昨年4月、岸田文雄総理（当時）は米国議会演説で、台湾の「た」の字も言えなかった。中国の反発を恐れて言おうとしなかったのだろう。石破茂総理も、2月7日の日米首脳会談後に発出された共同声明の文面上は「台湾海峡の平和と安定を維持することの重要性を強調した」としているのは結構だ。しかしながら、台湾海峡有事について日米首脳間で擦り合わせをするレベルには到底至っていない模様だ。

心配が尽きない。

一 トランプ・石破時代への不安

岸田文雄前総理と石破茂総理。共通項は何か？

総理の座へのあくなき執着心と鈍感力ではないだろうか。

石破政権発足以来の外交・安全保障政策の展開を興味深く観察してきた。自民党総裁選での目玉は、アジア版NATO創設と日米地位協定の見直し・改定だった。世論の強い反発を受け、政権が発足し責任ある地位に就いてからは、意図的に封印してきたようだ。昨年秋の国会での所信表明演説でも、これらの目玉政策については何ら言及がなされなかった。本年2月の日米首脳共同声明にも何ら言及がない。冷静に考えれば当然だろう。

アジア版NATOなど、国際関係論を学びつつある大学1年生でも無理筋と分かる話だ。参加国の間に（1）共通の目的、（2）共通の脅威認識、（3）共通の行動をとる覚悟がない限り、このような集団的自衛の枠組みは絵に描いた餅に終わるからだ。

子細に見てみよう。

欧米と違い、アジアには民主主義、人権尊重、法の支配といった基本的価値さえ完全に共有されていない現状がある。すなわち、自由民主主義を旧ソ連の共産主義やロシアの権威主義体制から守ろうとしてきた欧州・北米版NATOとは実情が全く異なるのだ。脅威認識についていえば、旧ソ連、ロシアを共通の脅威と認識してきた欧州諸国、アメリカ、カナダとはアジアは異なる。中国を脅威とみなすことには、東南アジア諸国はもちろん、豪州のような国でも異論を提起する向きが絶えない。その中国自体のアジア版NATO参加を排除していないことに照らせば、石破総理自らが脅威認識において揺らいでいるのかもしれない。

ましてや、憲法第9条の制約からフルスペックの集団的自衛権を行使できない日本が集団的自衛権発動の枠組みを提案するなど、他国から見れば噴飯物だ。日本自身が共通の行動をとれないからだ。「中国に侵略されるフィリピン、北朝鮮に侵略される韓国を日本は助けるんですね？」と念押しされた場合、石破総理は何と答えるのだろうか？　まずは憲法を改正しないと日本自身が参加できない話なのだ。

日米地位協定こそが日米間の不平等な関係の象徴として改正を声高に唱える点で、日本の左翼と右翼の間には共通項がある。だが、公務外で重大犯罪を犯した米兵の身柄を起訴

第一章 対アメリカ 大谷翔平をいたわれないEQ

前であっても米軍から日本警察当局へ引き渡しするなど、運用の改善を重ねてきた実態がある。それらを一顧だにせず見直し・改定にひたすら拘るのは、木を見て森を見ずではないか？

もっと言おう。日米地位協定の不平等に拘るのであれば、真の片務性は、東京が攻撃されたら米軍が救援に駆け付けることを当然視している日本が、ニューヨークがミサイルで撃たれたところで憲法上の制約により救援に行けません、と言い放ってきたことにある。何故そこを手当てしないのか？

現行安保条約では、アメリカは日本の防衛義務を負うが、日本が負っている義務はアメリカへの基地提供に限られる。だからこそ、基地提供に当たっての細目を定め、米軍が日本においてどのような待遇（特権、免除）を受けるかを規定する地位協定が必要になるのだ。すなわち、安保条約が上位にあって、地位協定は下位にある。下位の地位協定の「不平等性」だけを云々しても問題の解決にはならない。

頭の体操だが、仮に日本が対米防衛義務を負い、自衛隊が米国に駐留する機会が想定されるのであれば、米国における自衛隊の地位・待遇を定める日米地位協定が必要になる。実際、日本がオーストラリアや英国と締結してきた円滑化協定では、共同訓練や演習のために互いが行き来するための法的枠組みを定めており、豪州軍や英国軍の日本での取り扱いに加え、自衛隊の豪州や英国での取り扱いが規定されているのだ。

さらに、アメリカの立場から見れば、日米地位協定の改定は、パンドラの箱を開けることとなり腰が引けがちなことも指摘しておかなければなるまい。言い換えれば、アメリカにとって米兵を駐留している同盟国は日本だけに限られず、ドイツをはじめ多くの国と地位協定を締結している。日本とだけ見直して改定すれば済む話ではないのだ。

このように見てくれれば、アジア版NATOにせよ、日米地位協定の改定にせよ、急いでやらなければならない話ではない。しかも、両者とも解決しなければならない課題が山積しており、実現までに5~10年どころか、場合によってはそれ以上の歳月とエネルギーを要する話なのだ。到底石破政権だけで対応しきれない。

むしろ、日本の外交・安全保障にとって最大の課題は、中国に如何に向き合って、尖閣有事や台湾有事が発生しないよう抑止力・対処力を高めていくかという話である。それこそが一丁目一番地の課題だ。なのに、アジア版NATOとか日米地位協定改定などという明後日の課題を持ち出した石破政権。優先順位を間違っているのは明白だが、喫緊の課題への取り組みを回避しているように見えてしまうのだ。

トランプ2・0は、初めての大統領稼業に緊張し、ワシントンでの立ち居振る舞いにも慣れていなかった一期目のトランプ氏ではもはやない。ぎこちない笑みを浮かべても、白目を剝いても、やりおおせる相手ではない。安倍晋三総理の見解を聞きたがった一期目のトランプ氏とは違い、経験値を積み、自信を増幅させてスピード感を持って政策課題に取り組むバージョン2なのだ。

保守のトランプ氏とリベラル気質丸出しの石破氏では、政治的立ち位置が根本的に異なる。加えて、絢爛豪華を好むエピキュリアンのトランプに対して知的ウィットや愛嬌とは無縁の石破。どんなにあがいたところでトランプ氏と心と心が通い合う信頼関係を構築するのは無理だろう。であれば、その下の閣僚、次官、局長レベルでアメリカとの意思疎通、連携を重層的に確保していく他あるまい。

トランプ・石破時代。日米関係の真価が問われる時だ。

重層的な関係構築の必要性

首脳外交の時代にあって如何にトップ同士の信頼関係構築が重要となろうとも、石破総理にトランプ大統領との関係構築は期待できない。

理由は簡単だ。

まず、昨年10月の衆議院選挙で惨敗したからだ。民主主義国家では選挙に勝てるかどうかが政権基盤の強弱を決める。自公で過半数を取れなかった事実を国際社会は目の当たりにした。民主主義の日本にあって、石破政権は日本国民の信任はもちろん、実施すべき政策についてのマンデート（権限）も得られなかったと見るのが至当だ。もっと言えば、アメリカの目から見ると、国民に支持されておらずいつ辞めてもおかしくない総理ということになる。そうなると、誰が時間やエネルギーを投資して関係構築に努めようとするだろうか？　トランプ大統領としては、政権基盤がしっかりした次の総理大臣と関係を構築したいと考えて不思議はないのだ。

第二は、自民党総裁選で打ち出した外交・安全保障政策の目玉の内容だ。繰り返すが、アジア版NATOにせよ、日米地位協定の見直し・改定にせよ、トランプ政権として取り組まなければならない課題とは到底言い難い。中国の戦狼外交、台湾海峡危機といった「今そこにある危機」とは緊急度も重要性も比較にならないほど低いと思われていることは間違いない。NATO嫌いのトランプに対して、「アジアでも」というのはKY（空気を読めない）の極致だろう。あれだけ世論や専門家の批判を浴びながらも「アジア版NATO否定は思考停止」などと弁じる石破総理の頭の中身はどうなっているのか？

日米の安保関係を平等なものにしたいというなら、下位の地位協定をいじるだけでは足りない。上位にある安保条約においては、アメリカは対日防衛義務を負うのに対して、日本は基地提供義務にとどまっている。この根本を手当てしない限り、日本に在日米軍が駐留し続け、その地位、特権・免除を定める地位協定の必要性は変わらない。

加えて、石破政権発足以来の言動、とりわけ岩屋毅外相の訪中などに如実にうかがえた「対中傾斜」が米政府の不信感を招いているとしても不思議はない。

第三には、トランプ大統領とは異なるセンターレフトの石破総理が、トランプ氏の盟友であった安倍晋三元総理を刺し続けたこと、後ろから弾を撃ち続けたことを米側が気付いていないはずがない。国務省や情報機関からトランプ氏に話が上がっているだろう。そんな石破総理にトランプ氏が好感を持つわけはない。

このように見てくると、何故最初の電話会談が僅か5分で終わり、南米訪問に際して北米に立ち寄り、トランプ氏との面談が謝絶された理由が理解できるだろう。また、石破総理との面談を謝絶する一方で、安倍昭恵夫人をフロリダのマール・ア・ラーゴの私邸に招き、親しく夕食を共にした背景も理解できるだろう。

漸く2月に首脳会談が行われたが、共同記者会見で露わにされたのは、「シンゾー」に何度か言及したトランプ大統領が「シゲル」と呼びかけることは一度もなかった姿であった。のみならず、石破総理に対して「ハンサム」「偉大な人々（日本人）の首相になるだろう」などと皮肉交じりの社交辞令を浴びせかけたと思いきや、石破氏と握手さえ交わすことなく記者会見場を立ち去ってしまった。オールドメディアの多くが「成功」と誉めそやした日米首脳会談であったが、冷静に観察する限り、トランプ大統領に石破総理と信頼関係を作ろうという意欲と時間がどれほどあるかは疑問だ。これが国際政治の厳しい現実であり、今の日本が直視しなければならない事態だ。

だとすれば、日本としては石破政権が続く限りは、トップ同士はさることながら、その下のレベルでアメリカとの連携・協働のチャンネルを作っていく他はない。具体的には、外務大臣と国務長官、防衛大臣と国防長官、安全保障担当の補佐官同士、次官、局長レベルといった重層的な関係構築だ。

見逃すことができない僥倖《ぎょうこう》は、国務長官のマルコ・ルビオにせよ、国家安全保障担当の大統領補佐官のマイク・ウォルツにせよ、中国の問題を糊塗せずに直視するリアリストである点だ。特にルビオ氏は、尖閣諸島が日本の領土であるとの正しい理解を広言するアメリカでは珍しい政治家だ。また、日本の総理大臣による靖國神社参拝に対してアメリカが口を挟むことの愚を最もよく理解している人間でもある。

まさに、日本が働きかけて不都合な政治的現実を好転させていく状況は整っているのだ。

一 尖閣諸島の領有権についての蒟蒻問答

オバマ政権、バイデン政権を含めて、従来アメリカは尖閣諸島への日米安保条約第5条の適用を公に明確にしてきた。

同条第1項は、「各締約国は、日本国の施政の下にある領域における、いずれか一方に対する武力攻撃が、自国の平和及び安全を危うくするものであることを認め、自国の憲法上の規定及び手続に従って共通の危険に対処するように行動することを宣言する」と規定している。平たく言えば、アメリカの対日防衛義務を定めている。

第5条が尖閣諸島に適用されるということは、尖閣諸島が日米安保条約の適用対象となること、すなわち万が一、中国が尖閣諸島を奪取するために武力攻撃を仕掛けてきた場合には、米軍が出動することを意味する。

現在、不法占拠されている北方領土や竹島と異なり、尖閣諸島は日本の実効支配の下にある、すなわち、日本の「施政」（英語ではadministration）下にあるので、安保条約第5条が適用されることは同条の文言に照らしても当然のことである。言い換えれば、アメリカは当然の条約解釈を明らかにしたまでとも言えよう。

だが、問題はその先にある。アメリカ政府、国務省は従来から、尖閣諸島への安保条約適用は認め、日本の働きかけに応えて対外的にも漸く言及してきた経緯がある。ところが、領有権の問題については、他のいかなる国の領土問題についてと同様に「立場をとらない」、すなわち、支持も反対も表明しないとの一般論を持ち出し、尖閣諸島の日本領有に対して明確な立場をとらずにきたのだ。

他国の領土問題に巻き込まれたくないという一般論は理解できなくはないものの、尖閣諸島についての米国の関与を踏まえれば、尖閣にまで一般論を適用するのは全く理解し難いものだ。

というのも、大東亜戦争敗戦後、１９５１年に締結されたサンフランシスコ平和条約第3条によって「北緯29度以南の南西諸島（琉球諸島及び大東諸島を含む）」については

「その領域および住民に対して、行政、立法及び司法上の権力の全部及び一部を行使する権利」がアメリカ合衆国に対して付与され、アメリカの施政の下に置かれてきた歴史がある。そして、１９７２年に締結された沖縄返還協定によってこれらの権利が「日本国のために放棄され」、日本に返還されたからである。さらに、沖縄返還協定は、その合意議事録で「琉球諸島や大東諸島」の範囲を明確に示しており、その中には尖閣諸島が含まれることは一目瞭然であるからである。

これは何を意味するのか？　たとえ話で恐縮だが、知り合いの日本人Ａさんから長年にわたって家屋を借りて住んでいたアメリカ人がいたとしよう。ところが、このアメリカ人が借家から出ていく際に、大家の日本人Ａさんに対して、「家は帰すけど、その家があなたのものか中国人Ｂさんのものか、自分は関知しない」と述べたのに等しいのだ。

まさに、他者の紛争に巻き込まれまいという、都合の良い「蒟蒻問答」なのである。

こんな対応を同盟国たるアメリカがとっているからこそ、中国の領土的野心はおさまることがないとも指摘できよう。

さらなる歴史的事実は、米軍は尖閣諸島中の久場島《くばしま》・大正島《たいしょうとう》において戦後、射撃・爆撃訓練を実施してきた経緯がある。そして、１９７２年の沖縄返還の際には、中国が「尖閣は中国領土」などと既に独自の主張を始めていたにもかかわらず、日米地位協定に基づき「日本国」における施設・区域として米国に提供されて現在に至っているという事実がある。ここまで事実の積み重ねがあるにもかかわらず、どうしてアメリカは、尖閣が日本領土であることを明確に認めないのだろうか？

「こんな対応はおかしい」と喝破したのが、ルビオ国務長官である。天の配剤と言わずして何と形容できようか？　岩屋外務大臣は中国ではなく真っ先に米国に飛んで行って、このようなルビオ氏と膝詰めで談判し、尖閣諸島の領有権問題について今後日米両政府でどのように足並みをそろえていくべきか、そして、ゆめゆめ中国が危険な冒険主義に訴えないよう、抑止力・対処力を向上させていく方途を緊密に協議すべきなのだ。

靖國神社参拝

ルビオ氏の慧眼は尖閣諸島問題だけに限られない。

その昔、東京裁判を主導したアメリカは、「平和に対する罪」を問われた、いわゆる「A級戦犯」が合祀されている靖國神社に日本の総理大臣が参拝することに対して、従来は表立って反対もしなければ歓迎もしてこなかった。

しかるに、2013年12月に当時の安倍晋三総理による参拝に対しては、「近隣諸国との緊張を悪化させるような行動」であるとして、米国オバマ政権は「失望している」との批判がましい反応を示した。これと明らかに一線を画したのが、ルビオ・アメリカ上院外交委員会東アジア太平洋小委員会筆頭委員だった。オバマ政権の対応への反対を明確に述べた上で、「アメリカは日本の首相の靖國参拝にどう対応すべきか」と問われた際には、「アメリカ政府がこの種の問題に関与し、日本側にどうすべきかを告げることは生産的ではない」と述べた。

これは重要である。中国共産党、北朝鮮労働党、韓国の親北朝鮮勢力が日本に対して「歴史カード」を今なお振りかざして止まない背景には、事後法に基づく勧善懲悪の東京裁判を主導したのはアメリカであり、歴史カードの乱用にアメリカが待ったをかけにくい、又は、アメリカの中にも共鳴する向きがあるということに意を強くしていることは間違いない。歴史カードに辟易している日本の民心を見据え、日米同盟に楔を打ち込めるメリットもある。

保守、センターライトを任じ日米同盟を強力に支持、推進してきた米国共和党関係者にあっても、例えばリチャード・アーミテージ元国務副長官のような人物は「慰安婦問題のような歴史認識問題では日本は謝り続けなければならない」などとしたり顔で説教を続けてきたことも忘れられない。

それだけに、ルビオ氏のような人間が国務長官という要職に就いたのは、日本の国益実現のためには願ってもない好機である。尖閣諸島問題しかり、靖國参拝をはじめとする歴史認識問題しかり、日米の足並みをそろえ、権威主義国家に離間策をとらせないようにすることが肝要なのだ。こうした認識さえあれば、岩屋外務大臣は北京に赴くよりも真っ先にアメリカに赴いてルビオと擦り合わせをするべきだった。だが、その外務大臣は訪中に傾倒してしまった。アジア版NATO、日米地位協定改定にとどまらない優先順位の間違いが、ここにもうかがわれるのだ。総理が大統領に会えなかったからこそ、外務大臣がアメリカに乗り込む。これこそ、内閣のあるべき連携ではないか？　トランプ大統領就任式に出席し、ルビオ国務長官らと日米豪印のクアッド外相会合に臨んだのは一歩前進だが、自ら進んでルビオと渡り合っていく必要がある。ルビオ来日の際には靖國神社に連れ立って参拝したら如何だろうか。

職業外交官の出番

石破総理も岩屋外相も、トランプ新政権との信頼関係構築に不向き、乃至は関心が高くないとすると、この空白を埋めるべきは職業外交官の出番だろう。

特に、「就任前は外国首脳とは会えないし、会わない」などと説明しておきながらも、アルゼンチン、カナダ、イタリア、フランス、ウクライナ等の首脳と会談を重ねてきたトランプ氏だ。まさに、自由民主主義陣営の諸国は首脳自らが積極的に動いて関係構築に努めてきたのだ。

そうであれば、駐米大使はどう動くべきか？

流石にトランプ大統領本人と渡りをつけるのは至難の業であるにせよ、その側近、例えば、ルビオ国務長官、ウォルツ国家安全保障担当大統領補佐官などと顔合わせをし、トランプ政権の動向について情報収集に努めるとともに、日米協調に誤りなきよう、日本の立場やものの見方のインプットに精励しなければならないはずだ。

ところが、今の駐米大使は少なからずの在外公館の大使と同様に、単身赴任であると聞かされた。これは大きなハンデだ。本人の積極的な社交性の有無に加えて、このことのマイナスを決して過小評価してはならない。

何となれば、トランプ陣営を見ると、「バービー人形」のような派手目な奥方を抱えて公の場に登場する人間が如何に多いかに気付くだろう。そうであれば、贅を尽くした豪華なワシントンの日本大使公邸にトランプ側近を夫妻で夜な夜な招き、極上の和食と酒を振る舞って人的関係を構築し、情報収集、対外発信に努めるべきは言を俟たない。それこそが外交官の腕の見せ所だ。実際、駐米大使には一定限度を公費で負担してもらい、和食と洋食の料理人を一人ずつ帯同するとの破格の待遇が認められているのだ。「将を射んとすれば、まず馬を射よ」は外交においても鉄則。奥方を日本の虜にして日米関係を強化する体制はできているのだ。

しかしながら、単身であると社交の足が鈍るのは必至だ。私自身のロンドンやキャンベラでの外交官生活経験に照らしても、夫婦そろって押してこそ初めて開く扉が欧米社会には何重にもあるものだ。いかなる事情があるにせよ、単身赴任が日本の国益実現の大きな手かせ足かせになっていることを官邸、外務省関係者はとくと認識すべきなのである。こんな次元の問題を今さら指摘しなければならないのは、ここ五代続けて外務事務次官になる人間が在外公館の大使を一度もやったことがないという、極端に「内向き」な今の外務省の嘆かわしい現状があるからだ。

一台湾問題についてのインプットの重要性

では、人的関係を構築した上で日本からインプットすべき内容は何だろうか？トランプ政権第一期での経験や傾向を踏まえると、私には以下の二つの問題が最重要であるように思われる。第一は、台湾問題の重要性だ。

トランプ1・0は、中国に対して健全な警戒感を持った政権だった。今やアメリカの最大の戦略的ライバルがロシアではなく中国であることを、きちんと認識した最初のアメリカ大統領でもあった。かつてクリントン政権やオバマ政権との間で、日米の中国に対する温度差を肌身で実感してきた立場からすると、慶賀の至りだ。9・11以来の20年余りテロ対策に汲々とし、その間、中国やメディアからは「G2」とか「新型大国間関係」などという鼻薬をかがされて、中国の軍事的・政治的台頭に正面から対峙することに後れを取ったのがアメリカでもあった。そのアメリカはトランプ第一期政権、そしてバイデン政権と続いて完全に舵を切ったと言えよう。まさに、「地政学が戻ってきた」のだ。

そんなアメリカの変化を僥倖と捉えるべきは日本である。江沢民以来の反日教育、習近平の下での戦狼外交を展開してきた中国と最前線で向き合わざるを得ない地政学的環境に置かれているからだ。今さら「日中友好」、「戦略的互恵関係」を唱えてお目こぼしをしてもらおうなどという向きがいたなら、「大バカ者」のそしりを免れることはできないだろう。

さて、そのトランプ大統領だが、中国の脅威を認識する一方で、習近平国家主席を過度におだてたり、誉めそやしたり、粘り強く対峙するよりも「ディール」を強調しがちな面もあることは否定できない。特に、中国との世界規模でのグランドゲームを展開していく中で、台湾を妥協の駒として使いかねない惧れが取りざたされたのもトランプ第一期政権だった。

主要閣僚を務めたある人物が訪日した際に、「台湾がトランプによるディールの駒として捨て去られかねない懸念」を私から指摘したところ、この人物は「アメリカの機構(institutions)の力を信用してほしい」と答えたことがある。「機構」とは国防機関や情報機関を指していたように察せられた。

そうであれば、そうした「機構」へも繰り返し、日本の立場を訴えていかなければなるまい。もちろん、米軍を動員することに対する敷居が高いと評されてきたトランプ氏だ。まずは台湾有事が発生しないよう、抑止力を高める方途こそ追求すべきだろう。同時に、万が一にも抑止が崩れた場合に備えて、如何にして対処力を高めておくかを議論し必要な措置を講じておかなければならない。

「中国の夢」に酔い戦狼外交に取りつかれた中国が自らを過大評価し、台湾、米国、日本などの力を過小評価して冒険主義に訴えることがないよう、抑止力を高めなければならない。同時に、全面的な武力攻撃よりもグレーゾーン戦術に出てくることも十分に念頭に置きつつ、あり得るシナリオに対する対処ぶりを綿密に詰めておくことも必要だろう。

「一つの中国」への終止符

日本やアメリカといった自由主義陣営の国々との1970年代初頭の国交正常化以降、中国の外交政策の大黒柱となってきたのは、「一つの中国」という擬制だった。すなわち、共産党との内戦で敗れて台湾に逃げ込んだ中国国民党という存在はあるものの、「台湾は中国の領土の不可分の一部」であり、「北京の中国共産党政府が中国を代表する唯一の合法的な政府である」という中国側の立場である。アメリカはこうした中国の立場を「認める（acknowledge）」と宣明し、日本は「十分理解し、尊重する」と宣明しているが、両国ともに「一つの中国」に「合意」したわけではないことが肝心である。

換言すれば、台湾が中国の完全な国内問題であると認めてしまえば、平和的解決は遠のき、中国が武力をもって台湾を統一してしまうことへの抑止力が損なわれるからである。そのように考えてくると、万が一、中国が危険な冒険主義に訴えて統一を図ろうと試みた場合には、中国が主張してきたような「一つの中国」は水泡に帰すとなれば、中国による武力の行使に対して大きな牽制効果を持つだろう。すなわち、そのような場合にはアメリカも日本も「一つの中国」を「認める」や「理解・尊重する」に縛られることなく、台湾との関係構築（国家承認、外交関係開設）に動くこととするのだ。こうした動きこそ中国が最も嫌がることは火を見るより明らかだ。

顧みれば、1972年の日中国交正常化によって、日本政府は中国を代表する政府を台北の国民党政権から北京の共産党政権に切り替えた。その後、台湾との関係は「非政府の実務関係」に限定されてきた。しかるに、そうした台湾が、国際社会において台湾を国家として承認する国の数には限りがあるにせよ、実質上国家的な存在として半世紀にわたってユニークな存在感を発揮してきたことは紛れもない事実である。確固とした民主主義、法の支配、市場経済を確立したことが賞賛を集めてきたことは指摘するまでもなかろう。

習近平氏の中国が恫喝して止まない武力統一を抑止するためにも、仮に中国側がそのような愚挙に出た場合には、中国が何よりも重視してきた「一つの中国」は画餅に帰し、台湾が中国と並ぶ主権国家として国際社会の主要メンバーによって認知されていく。これを予め宣明しておくことこそ、中国の危険な侵略を阻止する最高の防御策となるのではないだろうか？

中国に対して「本能的には正しい」感覚を有するトランプ大統領とこそ、こうした問題をしっかりと議論しておくべきだろう。

関税引き上げに対する対応

トランプ2・0への対応でもう一つ頭を悩ませるべきは、その経済政策、なかんずく本人が広言し続けている関税引き上げへの対応だろう。第一期政権でも、米国が輸入する鉄・アルミニウム製品への関税が引き上げられたことは記憶に新しい。第二期政権の発足に当たっても、カナダ、メキシコ、中国からの輸入に対して関税を上乗せすることが宣明された。

予測不可能で不安定なトランプ政権にあって、その最たる発芽は、２０１８年、米国が日本などの友好国から輸入している鉄鋼、アルミニウム製品への関税上乗せ（鉄鋼25％、アルミニウム10％）を国家安全保障上の必要性を理由として行ったことである。アメリカ自身の国内産業を守ろうとの動機に基づく露骨な保護主義的措置だった。

殊に、同盟国や緊密な安全保障上のパートナー国からの輸入制限を正当化するために「国家安全保障」を持ち出すなど、前代未聞の暴挙であり、ＧＡＴＴ（関税及び貿易に関する一般協定）、ＷＴＯ（世界貿易機関）の歴史に照らし、極めて異例な措置だった。同様の目に遭った日本以外の主要国は、米国の措置の非をトランプ氏との首脳会談等でしかるべく指摘することを躊躇わなかった。同時に、ＷＴＯの紛争解決手続きに委ね、さらには米国の措置が撤廃されるよう米国から輸入される一定の産品に対して関税を引き上げる「報復措置」に訴えていった。

日本はどうしたか？　当時の日本政府は、諸外国から促されても、安倍・トランプの首脳会談で率先して取り上げることもしなければ、他の国に同調してＷＴＯの紛争解決手続きに付託することもしなかった。ましてや、関係省庁を促して報復措置に訴えるような胆力も到底持ち合わせていなかったのである。

その間、何度も行われた日米首脳会談での経済談義といえば、安倍総理（当時）自らが日本企業による最新の対米直接投資案件を新規雇用者の数とともに米国の地図上に図示してトランプ氏に示しつつ、日本からの対米直接投資の効用を強調することの繰り返しだった。予測不可能なトランプ大統領が突如機嫌を損ねて怒り出し、さらに強硬な措置をとることがないよう、機嫌取りに心を砕き続けていたと評されて仕方ない対応だった。

鉄鋼、アルミニウム製品の追加関税問題については、首脳会談で正面から批判的にとりあげることは避け、適用除外を求める、すなわち、日本から米国に輸出される製品だけが米国による関税引き上げの「お目こぼし」となるよう働きかけることに砕心していた。言い換えれば、そもそもの米国の措置の適否を正面から追及することはあえてしなかった。これが、当時の日本の経済外交だったのだ。

公の場では「法の支配」を声高に主張しながらも一般論にとどまり、個別具体的な事項になると「法」に従った対応ではなく、「法」とは別次元の現実的、政治的な解決策を求めていく。こんなことでは、ご都合主義のそしりを免れることはできない。このあたりにも、長いものには巻かれろ式に、不法な措置に目をつぶってしまう危険回避、知的怯懦の姿勢が表れていた。

トランプ政権時代にホワイトハウスで安全保障担当大統領補佐官を務めたジョン・ボルトン氏の回想録の評価には含蓄深いものがある。安倍総理が英国のボリス・ジョンソン首相と並んでトランプ大統領に食い込んでいたことを評価しながら、こう述べている。

「安倍総理がやろうとしていたことは理解するが、トランプの政策が素晴らしいと常に安倍がトランプに述べることによって、トランプの政策が軌道から外れないようにしておく力を却って損なってしまったのではないか」

首脳外交を支える外務省として、拳拳服膺《けんけんふくよう》すべき至言ではないだろうか。

第二期政権では？

既に、トランプ第二期政権発足前から、中国製品については10%、メキシコ・カナダ製品については25%の関税引き上げがトランプの口から表明されてきた。そして、ホワイトハウス入り後間もなく実際に引き上げがなされた（カナダ、メキシコについては適用が1カ月延期されてきた）。

明らかに第一期政権の「成果」に味を占め、関税引き上げを武器にして相手国の譲歩を勝ち取ろうと露骨なまでのディール至上主義が露わになっているのだ。中国のような敵対的な貿易慣行に従事してきた国の製品に限られずに、移民問題での対応を問題視して、友好的な隣国であるカナダやメキシコ産品についてまで高い関税上乗せに訴えたこと自体が、交渉家としてのトランプ大統領の行動形態を如実に示している。

しかしながら国際貿易の世界では、第二次大戦を招いた貿易圏のブロック化を二度と招来しないよう、ＧＡＴＴ、ＷＴＯのメンバー間では累次の関税交渉を通じて長年をかけて関税を辛抱強く引き下げてきた歴史がある。そして、引き下げの恩恵が最恵国待遇を通じて各国に均霑《きんてん》されてきたこと、一方的な関税引き上げは禁じられてきたのも、重要な歴史である。トランプ大統領の「交渉」は、こうした歴史、その背後にある過去の積み重ねの国際努力を無視した禁じ手だ。だからこそ、ＷＴＯの新参者で、決して優等生ではなかった中国如きが「多角的自由貿易体制維持の重要性」を諸国に説く羽目となってしまうのだ。

第二期においても日本製品が引き上げ対象から免除される保証など、どこにもない。むしろトランプ大統領と石破総理との疎遠な仲に照らし、トランプ側として心置きなく日本製品に関税を課しやすい状況にある。

こうした見立ては不幸にも現実のものとなってしまった。日米首脳会談を「成功」させることに汲々とした石破総理はトランプ大統領に対して関税引き上げの非を一切説くことはしなかった。そして、共同記者会見では「仮定の問題には答えないのが国会答弁」と述べて失笑を買った。僅か数日後、トランプ政権は日本製品を含むすべての鉄鋼・アルミ製品に対して25％の関税を課すことを発表した。首脳会談でも共同記者会見でも言及せず、ひたすら辞を低くして目立たないようにするとの戦術は見事に失敗したのである。

日本製鉄への支援の欠如

関税引き上げへの対応と並んで気になるのは、日本製鉄によるＵＳスチール買収への対応だ。昨年のアメリカ大統領選挙の最中から、トランプ候補による反対、ハリス候補による同調が公に表明され日米経済関係の大きな懸案となっていた。彼らのポピュリズム的な対応も嘆かわしい限りだが、その過程での日本政府の反論、働きかけの欠如こそ、特筆に値しよう。

ワシントンで日米関係に携わる関係者から聞こえてくる声には、日本製鉄の対応に対する批判が少なくない。

曰く、「大統領選挙の年に、接戦州のペンシルベニアで『US』とか『スチール』といった名称が社名に入った企業を買収しようとするなど、政治音痴にも程がある」「事態が大きな政治問題になってからマイク・ポンペオ元国務長官をロビイストに雇って働きかけを始めたが、ポンペオはトランプに敬遠されて第二期政権入りできなかった人物。この人選も政治センスなし」などと手厳しい。

日本製鉄ほどの名門大企業であればもっとうまく立ち回れただろうという見立てに異論はないが、それにしても日本政府の音なしの構えには、かつて北米二課長や経済局長としてしばしば日米間の紛争に関与してきた私としては落胆を禁じ得ない。典型例は、岸田文雄総理時代にせっかくワシントンの米国議会で大事な講演をする機会を与えてもらいながら、この買収を応援しようという気持ちが殆ど感じられなかったことだ。一応、岸田総理（当時）は日本企業の対米直接投資が米国経済にもたらした利益に言及していたが、そんな一般論では弱すぎる。総理の及び腰が、その後のアメリカ側からの反対論続出につながったとの見方もできよう。

最大の鉄鋼生産国となった中国が世界の鉄鋼生産をさらに席巻しようとしている昨今、日米の製鉄企業が力を合わせて鉄鋼産業を維持していくことの戦略的重要性、国家安全保障にとって不可欠の鉄鋼製品のサプライチェーンを強靭なものにしていく必要性、地元の雇用維持が配意されている点など、米国社会への売り込みようは存分にあったはずだ。しかしながら、買収に係る事前の内報が直前までされなかったと噂された経済産業省だけでなく、外務省、さらには在米国日本大使館の対外発信の驚くべき貧弱さは一体何なのか？

日本企業同士が競合する案件で政府として応援しにくいのであればともかく、本件では日本製鉄を応援することこそが政府の役割ではないのか。

日本製鉄による買収の競争相手たる米国クリーブランド・クリフス社の社長が記者会見を行い、「日本は中国よりひどい」「日本は1945年から何も学んでいない」などと暴言を吐くに至った今、企業間の問題という次元を越えたことは明らかだ。日本政府の出番である。

漸く動いた石破総理がトランプ大統領に対して日米首脳会談で働きかけたのは遅きに失したと言えよう。のみならず、トランプ大統領から「買収」でなく「投資」だと釘を刺され、50％以上の株式保有を禁じられたことは問題を複雑化した。１００％の株式保有、USスチールの小会社化を企図していた日本製鉄にとっては驚天動地の転換であったろう。官民連携した上での打開がどのように図られるのか、今後の展望は不透明なままだ。

大谷翔平へのエールは？

言うまでもなく、日米関係には大きな裾野の広がりがある。端的にいえば、日本にとって人的関係がこれほど密な国がないのもアメリカの特徴である。ちなみに、在留邦人の数をとっても米国在住の在留邦人は大使館、総領事館などに届けがある人たちだけでも40万人を超えている。10万人前後の二位の豪州、三位の中国を大きく上回っているのだ。

しかしながら、では誰が代表的な日本人としてアメリカ人に親しまれているかと言えば、残念ながら安倍晋三なき今、それは岸田文雄や石破茂といった華のない政治家でもなければ、最近何代にもわたって金太郎飴のように続いてきた精彩を欠く駐米大使でもない。物議を醸したラーム・エマニュエル駐日米国大使のようなカラフルな注目を引けた駐米大使さえいない寂しさだ。

こうした政治家、外交官の存在感の弱さを補って余りあるのが大谷翔平であることに誰も異論はないだろう。英語には「ハウスホールド・ネーム」という言い方がある。一般家庭で親しまれている、といった意味だろうか。一般家庭といえば、多くのアメリカ人は岸田や石破と言われても全くピンとこないだろうが、「ショーヘイ」や「オータニ」と言われれば目を輝かせて語り始める。こんな存在感溢れる日本人は今までいなかったのではないか?

スピードやテクニックだけではなく、パワーでも本場のメジャーリーガーを圧倒する実力。そして、エンゼルスでもドジャースでもチームメートの中に溶け込んでいく積極性と愛嬌。今までの日本人大リーガーに必ずしも備わっていなかった能力と才覚の持ち主なのだ。

畢竟、国と国との関係も人と人との関係から成ることに思いを致せば、大谷の日米関係への貢献はいくら強調しても強調しきれまい。同じ東アジアの中国や韓国にこれほどまでアメリカ人の心を捉えたアスリートがいなかったことを考えても、役割の巨大さが理解できよう。

このように見てくれば、民間企業が大谷をモデルとして自社製品・サービスの売り込みに努めるのは至極当然として、政府サイドにあっても大谷の貢献を顕彰し、日米関係のさらなる深化につなげていくとの発想こそ必要だろう。であるにもかかわらず、岸田総理がアメリカ議会で演説をした際に、ショーヘイの活躍について一言も言及しなかったことには驚き、ショックを受けたものである。開成高校野球部であったことを得々と語り、WBCでの始球式の際には、およそ野球部出身者とは思えない「女子投げ」を大観衆の面前で恥ずかしげもなく披露し、ホームベースにさえ届かない山なりの投球をした岸田文雄は一体何を考えていたのか？　多額の金銭を盗取した水原一平通訳の件が決着をつけていなかった段階では言及されるのが憚られたとでも言いたいのか？　そうであるとすると、「何と冷たいのか」と断じざるを得ない。海外で人には言えないだろう色々な辛酸にあいながらも、日本の代表として前人未踏の活躍をしている同胞へのいたわりはないのか？　日本外交にしばしばみられるEQ（心の知能指数）の低さが、政治家岸田にも伝播したのだろうか？

恒常的な意思疎通の必要性

自戒の念を込めて振り返れば、日米両国ほど、恒常的な意思疎通を必要とする同盟国はないのではないか？　日本人の口下手、口頭でのプレゼンテーション能力の嘆かわしい不足、そしてアメリカ人の対外無知、勉強不足を踏まえると、時に暗澹たる思いに陥る。

オバマ元大統領とトランプ大統領に共通していた認識がある。

「なぜ、アメリカの町では日本車が走りまくっているのに対し、日本の道路にはアメリカ車はこれほど少ないのか？」

「不公正だ（アンフェア）」と言わんばかりの問いかけだった。むろん、日本の自動車市場でのドイツ車等の人気を考えれば、ひとえに日本人顧客のニーズに応えるような製品の開発・販売努力によるのだが、こうした素朴な疑問を口にする誇り高いアメリカ人は引きも切らない。

岸田前総理とは親交を深めたように見受けられたバイデン氏であっても、日本は中国やロシアと同様に外国人を嫌って排除するから日本経済は停滞していると公の場で口にするくらい、陳腐なステレオタイプに取りつかれていた。首脳会談やその後の夕食会などで岸田前総理は一体何をバイデン氏に説明していたのか？　共生社会についての岸田前総理の軽率な談話を踏まえると、バイデン氏が聞きたいような日本批判を総理自らが口にしていたとの想像も働かざるを得ないのだ。

事程左様に首脳外交で何をどういう形でインプットするかは、極めて重要である。総理大臣とは自衛隊の最高指揮官であるとしばしば言われてきた。その通りだ。だがそれだけではない。日本国のトップ外交官でもあるのだ。果たしてそうした心構えが石破総理にはあるのか？　この点で、昨年の総理就任以来露呈してきたいくつかの失態は、大いに疑問を抱かせるものだった。

昨年11月の南米でのＡＰＥＣをはじめとする国際場裡での立ち居振る舞いを外交のプロの立場から論じてみたい。

まず、カナダのトルドー首相その他の首脳が、会議場で自席に着いていた石破総理に次々に挨拶に来てくれたのはうれしい展開だ。だが、相手側は立っているのに、日本の総理は座ったままで握手した。これは、完全にアウトだ。

外交の世界には、プロトコル（儀典）・オーダーというルールがある。各国の元首級のリーダーが居並ぶ場合、着任年月が古い者が上位に立つ。すなわち、米国大統領や中国国家主席であっても、常に上席を占めるわけではない。古くから就任している小国の首脳より下位に置かれることはたびたびだ。主権国家の平等を旨とする国際社会の知恵でもある。

石破総理は新参者の一人。オーダー上は最下位に近い位置付け。そんな人間が名だたる先輩首脳が挨拶に来てくれているのに、なぜ座ったままでいられるのか？　そもそも、プロトコル・オーダーなど知らずとも、先輩が自席にまで挨拶に来てくれたのなら、立ち上がって礼を尽くして対応するのが人の道。自民党の会合でも同じだろう。

もっと気がかりなのは、マルチ（多数国間）の国際会議が始まる前に自席でスマホをいじり書類を覗き込むだけで、他の出席者と交わろうとしない孤独で寂しい姿だった。国際会議は国益がぶつかり合う真剣勝負。その前には、他国の出席者に誼《よしみ》を通じて情報交換に努めるだけでなく、日本にとって大事な議題につき日本の立場をインプットして支持を頼んでおく、というのは常道だ。

かつて防衛大臣を務め、いくつもの国際会議に出ていた石破総理が知らないはずはなかろう。ＳＮＳ上では、「なぜ外務官僚が『ご起立を』と進言しなかったのか」という指摘が散見されたが、そんな基本さえ分かっていない人物が首相の任にある不幸こそ、嘆くべきだろう。これでは各国リーダーの輪の中にはとても入っていけない。

こんな腰の引けた外交姿勢と対極のものとして不可解なのは、習近平・中国国家主席との会談の際、相手が片手しか差し出していないのに、石破総理は相手の手を包み込むように両手で握手した醜態だ。旧知の相手との再会に感激して互いに両手で祝し合うなら許せよう。だが、相手は、日本の領土を脅かし、領海・領空を侵犯し、日本人を拘留し、児童を惨殺している国の首脳だ。なぜ地元の有権者に一票を媚びる時のように縋りついたのか？

日本国民のみならず第三国も見ている。リーダーのボディー・ランゲージはそれだけ重要なのだ。傲岸不遜も駄目だが、阿諛追従《あゆついしょう》に走った印象も決して与えてはならない。箸の使い方、握り飯のほおばり方にとどまらない暗澹たる気持ちを抱いたのは私だけだろうか？

本年2月の訪米の際にも、到着時のアンドリュース空軍基地で左手をコートのポケットに入れたままタラップを下りる姿やソファーにのけぞるように座った姿が世論の指弾を招いた。人に見られているという意識が欠落しているのではないだろうか。

反米か親米か？

本著巻末の対談をした旧知のジャーナリスト手嶋龍一氏と話していて気になったことがある。「山上さんの著書を読んで共感している人の多くは反米保守だ。反米でないと言うなら丁寧に説明する必要がある」という指摘だ。

40年近くに及ぶ旧知なので、そうした指摘が一部の外務省OBの間にあるというフレンドリー・アドバイスのようだった。

同時に、当時の日本政府が閣議決定した名称が「大東亜戦争」であるにもかかわらず、GHQの指示を受けてから今に至るまで意固地なまでに「太平洋戦争」と呼び続けているNHK出身の手嶋氏。しかも、自民党宏池会担当の敏腕政治記者だった。

「保守本流」という名称が好きでたまらない自民党宏池会の政治家。自らこそが「親米保守」であり、自分たちの主張から右に外れた者に対しては「反米保守」というレッテル貼りを安易にしたがる輩を何人となく観察してきただけに、その残像も蘇ってきた。

こうしたレッテル貼りの最大の根源は、歴史認識問題だと思われる。

第一章 対アメリカ　大谷翔平をいたわれないEQ

拙著「日本外交の劣化　再生への道」（文藝春秋）でも詳述したが、どうやら「戦後の日本は東京裁判を受け入れて始まった」という物の見方が、岸田前総理をはじめとする宏池会関係者の出発点となっているようだ。そして、やるべきでない無謀な戦争をした日本が反省し、日米同盟の下で「軽武装、経済重視」を基本政策として追求し、中国とも友好的な関係構築に汗をかいてきた自分たちこそが「保守本流」という認識だ。同時に、こうした認識に対しては、同じ党内にも過信、自惚れと見る人たちがいる。

思い返せば、富士山会合の立役者であった日本経済新聞社の名物記者も、日米安保推進を旗印とする自分たちこそが「真正」保守であり、歴史戦への取り組みにも細心の配意を心掛けていた保守派論客を「極右」としてあからさまに排除していた。

まさに東京裁判史観が日本の政界・言論界を大きく覆っており、それに異を唱えることが反米、右翼であり、その枠内にとどまっていることが親米、保守であるといった勝手な線引きが横行しているのだ。

実際、私が評論活動を展開している中で、色々な団体で講演、インタビューに応じてきたが、「反米」と思しき人々に出会った記憶は殆どない。仮にアメリカに対する話題が熱を帯びるとすれば、それはアメリカ政府に対してきちんと物を申すことを躊躇ってきた日本政府に対する不満であったと受け止めている。

むしろ、占領期のウォー・ギルト・インフォメーション・プログラム、とりわけその下で占領軍、東京裁判、原爆投下、東京大空襲などに対する批判が封じ込められ厳しく検閲された事実、そして占領が終了した遥か後にあっても、こうした検閲を拡大解釈・適用し、自らの言論空間を狭めてきた愚挙こそ、批判的に振り返るべき時期だろう。

コロンビア大学大学院に学び、貿易交渉や安保協議、インテリジェンス協力などを通じてアメリカ社会と40年間の外交官生活を通じてずっと関わり続けてきた私は、気の置けないアメリカの友人・知人と何度もこのような議論を繰り返してきた。そんな私を「反米」とみなすアメリカ人は誰一人としていないと受け止めている。

一体、「親米保守」を気取る人たちが念頭に置いている「米」、すなわちアメリカとはどういうアメリカなのだろうか？

まさか占領政策を推し進めてきたケーディスのような民主党左派が仕切るアメリカなのか？　はたまた、非軍事目標たる東京で無辜《むこ》の市民を焼夷弾で焼き尽くした大空襲を主導したルメイ（のち、空軍大将。勲一等旭日大綬章受章）のようなアメリカなのか？

アメリカが割れていることは、特に、オバマ大統領誕生以来の軌跡を振り返って見ても議論の余地がないだろう。こうしたアメリカを前にして、一部のアメリカ人にとって耳障りのいいことだけを言い続けるかどうかをもって親米、反米のメルクマールとすれば、そのこと自体は「媚米」と呼ぶべきであり、日本の国益を損じる道となろう。

実際、幣原喜重郎以来の外務省の対英米協調の流れには、そうした傾向が色濃く出ていたように受け止めている。しかし、時代は大きく、かつ、不可逆的に変わった。そもそもアメリカ自体が「丘の上の輝く町」ではもはやなくなってしまった。社会は分断し、総じて内向きになった。ベトナム戦争以来、自らが参戦した戦争を批判的に検証し、厳しく評価する傾向が如実に出てきている。かつ、そんなアメリカは、相対的な国力低下を懸念し、今や日本が経済面だけでなく、軍事的、政治的にも強力になることを期待し、後押ししているのだ。

日米戦争の歴史について言えば、戦後和解はとうの昔に達成された。オバマ大統領が広島の平和記念公園に出向いて原爆の犠牲者を追悼しただけでなく、広島で開催されたG7サミットにはバイデン大統領も出席した。在日米軍幹部が靖國神社に参拝することは珍しいことではない。先述の通り、今のルビオ国務長官は靖國参拝についてアメリカが云々すべきではないとの立場だ。

このような時代の流れを俯瞰すれば、「これを言えばアメリカさんを刺激してしまいます」などと知的怯懦の殻に籠るべき時ではないのだ。今や日米が直面している戦略的課題が中国の台頭であり、これが一丁目一番地の国家的課題だ。アメリカの圧倒的な軍事力・情報力、今なお世界に冠たる政治力・経済力、そして世界中から人をひきつけてやまないソフトパワーを日本の国益実現のために如何に上手に使っていくか？　これこそが日本にとって問われるべき課題であって、親米・反米といった単純な二元論ではないはずだ。

ジャパン・ファーストに立って日米同盟を日本の国益、そして地域の平和と繁栄のために最大限に活用していくべきだと考える。これは決して反米ではない。

第二章

対中国

「遺憾砲」の連発で舐められる日本

問題山積みの対中外交

40年間に及んだ外交官生活の中でどのようなポストに就こうとも、常に念頭にあったのは米国と中国であった。トレンドで見ると、かつては米国の比重が圧倒的に高かったのが、近年では中国の比重が徐々に高まり、遂には米国と伍するほどのレベルに達しつつあるという感じだろうか。

吉田茂をはじめとする戦前の日本の中枢にいた外交官は、米国と中国の双方に勤務することが常であったことを振り返ると、漸くかつての状況に戻りつつあると言えるのかもしれない。

むろん、日米、日中の関係は、かつて鳩山由紀夫元総理が思慮浅く述べたように「二等辺三角形」と呼称するようなものでは決してない。基本的価値と戦略的利益を共有する日本にとって唯一の同盟国である米国、最大の貿易パートナーであり人的交流も密になりながら摩擦が絶えず、安全保障上もかつてなかったような挑戦を提示している中国。この両国は同列に論じられるものではない。日本にとっての課題を端的に表現すれば、中国に向き合う中でアメリカの軍事力、情報力、外交力を使いながら、如何にして平和と繁栄を維持し国益の実現を図っていくか、ということだろう。

そうした観点から見ても、現在の対中外交には問題が山積している。

今後の舵取りに誤りなきを期するためにも、一つ一つ見ていくこととしたい。

弱腰外交の原因

外務省を退官した今、日本各地で講演をし、メディアのインタビューに応じるたびに必ず聞かれる質問がある。

「なぜ、日本外交はあんなにも弱腰なのですか?」

「なぜ、外務省は毅然と物申さないのですか?」

こう聞かれると、私は三つの要因が合わさっていると答えるようにしている。外務省に大きな問題があるのを否定する気持ちはさらさらないが、同時に、いくつかの要因が絡み合っているだけに、いち外務省だけを責めても日本外交はなかなか変わらないのではないか、との思いもあるからだ。

第一の要因は、日本人の国民性だ。

「和を似て貴しとなす」が日本人の誰もが親しんだ教えであり、社会の底流にある大きな流れでもある。まず誰もこれに正面から抗おうとはしない。

もっと分かりやすく言えば、大多数の日本人は、目の前の相手、これは同級生であれ、友人であれ、配偶者であれ、ビジネスパートナーであれ、たとえ競争相手との関係であっても、居心地の悪い対立関係に継続的に自らを置くことを好まないからだ。人の発言を聞くたびに、「私も同意します」「おっしゃる通り」と言いたがる日本人が如何に多いことだろうか。「反対です。自分は別の意見を持っています」と言う日本人は稀である。

換言すれば、究極のお人好しということでもある。

サークル活動や町内会でお友達作りに走るのであれば、こんな姿勢と心持ちで結構かもしれない。また、ビジネスその他の交渉にあっても、交渉をまとめようとする場合には互いの共通項を見出す努力は不可欠でもある。しかしながら、外交の場ではこの日本人の性格、性癖が大きなマイナスとなってきたと私は受け止めている。特に、領土問題、国家の主権や尊厳に関わる問題、歴史認識問題などでは、「同意する」よりも「見解、立場が違う」と言い続けなければいけないことがしばしばだ。しかしながら、日本外交は妥協してはいけない問題で妥協してきた面が多々ある。

第二の要因は、外務官僚の多くが共有している外交観、すなわち妥協癖だ。外務省時代、「外交は妥協のアート（芸術）だ」などと呼んで憚らない御仁を何人目にしてきたことか。「足して二で割る」「妥協点を見出す」ことが外交交渉の極意であると信じ込んでいる者が実に多い。彼らには最後まで突っ張るとか、筋を通すといった発想はほぼ皆無であり、むしろそうした姿勢は柔軟であるべき外交官にはふさわしくないとして軽侮し、排除する向きが強い。

こうした外交観に囚われた者と、それに対する批判が顕著に表れた例を挙げよう。

北朝鮮との交渉で作成された「日朝平壌宣言」の文言である。２００２年９月に当時の小泉純一郎総理が北朝鮮のピョンヤンを訪れて金正日総書記と首脳会談を行い、拉致問題の存在を口頭で認めさせた。にもかかわらず、両政府間で作成した文書では「日本国民の生命と安全に関わる懸案問題」という抽象的な表現にとどまり、「拉致」という文言を盛り込むことができなかった。当時の関係者の話を踏まえると、５人の拉致被害者の帰国を確保できた以上、拉致問題への文書での言及を粘り強く追求することは諦め、相手を刺激しないような安易な妥協に流れたと言って過言ではないだろう。

平壌宣言の関連部分の記述は、以下の通りだ。

「日本国民の生命と安全に関わる懸案問題については、朝鮮民主主義人民共和国側は、日朝が不正常な関係にある中で生じたこのような遺憾な問題が今後再び生じることがないよう適切な措置をとることを確認した」

その後、北朝鮮は、拉致問題は解決済みと言い続け、残る拉致被害者の帰国を実現できないままに年月が徒過してきた。「拉致」の一言を盛り込めなかったこと自体が、その後の顚末のきっかけを作ってしまったとの批判が絶えない。

実際、外務省の大先輩である村田良平元外務次官もその回想録の中で、以下のようにこの時の田中均アジア大洋州局長らによる対応を批判している。

「拉致問題が存在していること（中略）を前提にすれば、はなはだ詰めの甘いものであったと評するほかない。田中君としてはこれが精一杯であったと主張するであろうが、北朝鮮は日本に対して、外交用語でいう『懇請者』（demandeur）の立場にあったのだ。もっとギシギシ詰め得たはずである、金正日自身が拉致を認める程度の譲歩は当然行うのだ。よってもう一歩踏み込んだ書き方があったはずだ。外交的表現としてそのものずばりの表現を避けることはしばしばある。しかし、（中略）はっきり『拉致』という言葉を出させるべきであった。これに先方が応じないなら、訪問を取りやめるべきだったのだ」

外務省の中に、世界標準の厳しい外交観を有していた人間がいたことは救いだが、日本外務省にあっては田中的アプローチが優勢ではないか？　拉致問題の未解決は、こうした外交姿勢が招いた最大の災厄の一つではないか。小泉訪朝直前の実務者協議の交渉記録の不存在は、大きな闇である。

　弱腰外交の三つ目の要因は、政治家の胆力の欠如である。

「政治主導」の時代と言われて久しい。外務官僚の間に如何に妥協性向が強かろうが、外交交渉について政治的責任を負うべき立場にある総理、外務大臣といった政治家がしっかりとした座標軸をもって臨むのであれば、弱腰に流れることはない。例えば、「交渉がうまくいかなければ席を立って帰ってきてもいい」と言われれば、官僚はむしろシャカリキになって頑張ること請け合いだ。しかしながら、そんな指示を日本の政治家が出すことはまずない。むしろ、「（当初の交渉ポジションから）降りてもいいから、何とかまとめてこい」と言うのが圧倒的だ。

　また、多くの政治家自身も外国人の前に出ると借りてきた猫のように小さくなり、共通項、妥協点を見出そうとする。

国内で官僚相手に人事権を振りかざして辣腕の官房長官を演じていた、菅義偉氏のような政治家も例外ではない。総理になって官邸で外国要人を迎えた際には、オドオドと所在なげに振る舞い視線が泳いでいたが、残念ながら、これが日本の多くの政治家の習熟度と外交力を端的に象徴している。

チャイナスクールの問題

国民目線で見れば、日本外交の弱腰の最たるものが対中外交であり、その元凶とされてきたのが外務省内の中国専門家、いわゆるチャイナスクールである。彼らは入省時に中国語を研修するように命じられ、その後、外交官人生の大半にわたって中国関係の業務に従事することとなる。ただし、一言でチャイナスクールといっても十把一からげで括るわけにはいかず、因数分解していくと色々な要素がある。

まず第一に挙げるべきは、旧世代に多い類だ。「貧しい中国」への共感、同情に溢れた輩だ。米国の作家パール・バックの小説「大地」に触発されたような感情と言ったらいいかもしれない。日本のチャイナスクールの外交官の場合には、そうした共感や同情に加えて、しばしば「贖罪意識」が混じっていた。「日本は中国を侵略し、大東亜戦争前・戦中に中国大陸でひどいことをしたのだから、中国の経済発展を助けなければならない」といった強迫観念に近い思い込みを持った人間が旧世代では多かった。１９７２年の日中国交正常化を推し進めたのも、１９９３年の慰安婦問題についての河野談話、戦後50年の村山談話を仕掛けたのも、こうした見方に囚われたチャイナスクール関係者であったと言って過言ではない。橋本恕、谷野作太郎元中国大使などは、こうした外交官の典型と見られている。

第二に、もともと「左巻き」なのか、中国のプロパガンダに毒されたのか、反米姿勢に取りつかれた人士がいる。典型例は中国課長を務めた浅井基文氏だろう。外務省を中途で退官し、大学教授に転じたが、日米安保体制に対する批判を露わにした本まで出した筋金入りだ。浅井氏ほど行かなくても、自分が語学研修をした中国に対する愛着が強い余り、アメリカに対して斜に構え、日本国にとっての日米同盟の効用について甚だ浅薄な理解しか示さないチャイナスクールは何人となく見てきた。

第三に挙げるべきは、護憲、反戦平和の立場から中国と仲良くしなければいけないといった思い込みを抱いた連中だ。典型的には、創価学会の教えに接するなり、親近感をもって育ってきたような者たちだ。長年にわたって週刊誌などで論じられてきたが、霞が関の官庁の中にあって、外務省に学会関係者が少なからずいることは否定できない事実だろう。チャイナスクールに多い一方、スクール以外にもいる。こうした新興宗教の信者の中には、そもそも信者であることを広言している者は少ないものの、創価学会の場合には、学歴などから明らかな人物だけとっても、上級職（現在の総合職）にあっては同期に最低一人はいるのではないか？

学会出身者の間には「自分は外務省にあってはブラック・シープ（異端児）扱いであり、政務や条約関連の事務はやらせてもらえない」などと、外国の外交官に愚痴をこぼす者もいた。しかしながら、長年にわたって自公連立政権が続いてきたせいだろうか、近年は国連、フランス、スペイン、オーストラリア大使などの主要ポストにこうした関係者が充てられることが珍しくなくなってきた。

言うまでもなく、「ジャパン・ファースト」である限り、個々人の思想・信条や宗教は自由だ。同時に、日本外交の来し方行く末を考えた際にチャイナスクール関係者に問われるべき責任は、誰が中国を今のようなフランケンシュタインにしてしまったのか？という問題だ。

外務省にあってチャイナスクールこそは、中国語を学び、外交官人生を通じて中国の歴史、政治、社会を勉強することを生業としてきた者たちだ。私はアメリカンスクールだが、1990年代半ばに外務省中国課の首席事務官を務め、その後、香港の総領事館で2年間勤務した経験を有する。また、局長時代はインテリジェンス担当の国際情報統括官として、中国問題には最も多大なエネルギーを注いで取り組んできた。その意味では、チャイナスクールの実態をよく知る立場にあった。

90年代の実体験として忘れることができないのは、その頃、チャイナスクールの大御所たちは「いずれ中国は日本を抜き、いったん抜いたら日本なんて見向きもしなくなる」と口をそろえて言っていたことだ。であれば、なぜ円借款を湯水のように中国に注ぎ込み、日本企業には対中進出、投資を働きかけ、中国をここまで大きくしてしまったのか？ 経済協力、貿易・投資の増大を通じて中国を経済大国にする大きな手助けをしただけでなく、日本の安全保障上「最大の戦略的挑戦」と日本政府自らが称せざるを得ないような状況を招いた責任はないのか？

その関連で言及しておくべきは、「お人好し」なくらいナイーブだった対中姿勢だ。1989年の天安門事件の後、中国が国際社会の前で露呈した甚だしい人道軽視、人権蹂躙を受けて、日本を含む西側諸国は連携して対中経済制裁措置をとった。ところが、「中国を孤立させてはいけない」とG7諸国に呼びかけるだけでなく、この制裁を真っ先に緩めたのが日本だった。のみならず、その過程では、天皇陛下（今の上皇陛下）の訪中招請に応じて陛下の訪中をお膳立てしてしまったのも外務省だった。当時中国の外相であった銭其琛は、のちに著した回顧録で「日本が対中制裁の最も弱い環だったので、日本から突き崩していった」などと手の内を開陳して自慢しているほどだ。

五十歩譲っていえば、チャイナスクール的存在は、どの主要国の外交当局にもある。米国、英国、豪州、ドイツ、フランス、どこも似たようなものだ。往々にして中国専門家は中国の立場を代弁しているように見られて国内で肩身の狭い思いをしている。ことに、中国の場合はいったん中国に睨まれると徹底的に排除され、ひいては中国関係の事務に携われなくなるという強迫観念が働く。かつて東京外国語大学の中嶋嶺雄教授が中国に行けなくなったような例が代表例だ。

しかるに、日本は対中外交の最前線国家だ。歴史的にも文化的にもつながりが密であり、中国に一番習熟した立場にある。だからこそ、対中認識、姿勢、具体の対応においてリーダーシップをとるべきなのだが、果たして日本のチャイナスクールにそうした意識を持っている者がどれだけいるのか？　日中関係の処理に当たるだけがチャイナスクールの役割ではないのだ。英語も駆使しつつ、日本が有する中国問題についての知見や経験を友好国と共有して国際社会をリードしていくことも、大事な職責である。

実際、安倍政権の際には、米国のトランプであれ、ドイツのメルケルであれ、安倍総理が自身の対中認識を開陳し、相手側がそれによって啓蒙教化されることが少なからずあった。フロントラインにある日本として国際社会に対して成し得る最も重要な貢献と言って過言ではない。しかしながら、その後の政権にあっては、そのような役回りを果たそうという意識も能力も雲散霧消してしまったようである。

出世街道の複線化

どうしたらチャイナスクールを中国による「圧」から解放できるのか？

これは日本だけに限られない傾向だが、外交官の間で強い感情として、自分が駆け出しの頃に語学研修で留学した国で大使ポストを務めあげるのが最大の名誉であり、外交官人生の有終の美との受け止め方がある。チャイナスクールであれば中国大使だ。

日本の外務省にあっては、そのためには20代、30代の若い頃に在中国大使館や本省中国課勤務を経験し、その後、中国課長、アジア大洋州局長に就任するのが中国大使という最終ポストにつながるエリートコースとなる。チャイナスクールを弁護すれば、これは同じ特殊語のロシアンスクールでも顕著に見られる傾向である。

問題は、こうした小さな井戸の中でのエリートコースを着実に歩もうと考えると、日中関係の日々の処理に追われ、米国や他の国が日本外交にとって有する重要性への理解が十分に育たないきらいがある。より深刻な欠陥は、中国問題について是々非々で物申すという姿勢が往々にして抑圧されてしまい育たないことである。むしろ、下手に意見など言って波風を立てると、中国側から排斥される、或いはチャイナスクールの中での評判を落とすといった強迫観念があるかの如くである。

実際、将来、中国大使にならんとするため、インテリジェンス部門への異動を拒んだチャイナスクールの人間もいた。こんな状況では適材適所の人事はできないし、本人にとって必要な帝王学を施すことも困難となる。

こうした事態を少しでも改善するためには、昇進ルートの複線化が必要だろう。

中国語を勉強し、中国の歴史・社会・政治に通暁した人物が将来は駐中国大使を目指す意欲は大事だし、水をかける必要はない。地域・語学専門家としての自負とモチベーションを維持することにも役立つ。気を付けなければならないのは、そうした意欲を持った人間が自分の出世欲・昇進欲に拘泥する余り、中国に対して言うべきことを言わなくなってしまうことである。

そうであれば、物申すことを尊重・評価する組織文化を外務省全体として育てていくことがまずは大事である。それとともに、中国と正面から接して「圧」を受けやすい、中国課長やアジア大洋州局長といったポストを経ずとも中国大使になる道を開いておくことも大事である。例えば、課長ポストは、条約課長でもよければ、経済局政策課長でもいい。局長ポストなら、国際情報統括官や国際協力局長でもいいはずだ。これらの経験が中国大使に役立つことは間違いない。

昇進ルートを複線、複々線化することによって、チャイナスクール関係者の士気を維持するとともに、眼前の中国からの威圧や介入に抗しやすい体質に転換することができるのではないか。

媚中に次ぐ媚中

さて、目を現下の日中関係に転じてみたい。

弱腰外交の複合的な要因が、先述の通り日本人のお人好し、外務省の足して二で割る性癖、政治家の胆力不足であったとしても、今の中国を前にしたらいい加減に弱腰を転換したらいいではないか？　というのが多くの読者の感慨だろう。

確かに、ここ数年間の日中関係をざっと振り返って見ただけでも、世間の耳目を集める事態が次々に発生してきた。

まず特記すべきは、２０２２年12月に日本政府が作成、発表した、いわゆる安保関連三文書だ。ここで注目されるのは中国の扱いである。

「国家安全保障戦略」の考察は包括的だ。中国が十分な透明性を欠いたまま、軍事力を広範かつ急速に増強させていること、東シナ海、南シナ海等における、力による一方的な現状変更の試みを強化していること、ロシアとの戦略的な連携を強化し国際秩序へ挑戦していること、十分な透明性を欠いた開発金融を進め、他国の中国への依存を利用した経済的

第二章 対中国 「遺憾砲」の連発で舐められる日本

な威圧を繰り広げていること、台湾について武力行使の可能性を否定せず、また、台湾周辺における軍事活動を活発化させていること等について、あまねく問題視している。その上で、現在の中国の対外的な姿勢や軍事的行動は、我が国と国際社会の深刻な懸念事項であるとし、我が国の平和と安全と国際社会の平和と安定を確保し、法の支配に基づく国際秩序を強化する上で、これまでにない最大の戦略的な挑戦であり、我が国の総合的な国力と同盟国・同志国等との連携により対応すべき、とまで論じたのである。

　これは日本の安全保障政策の画期的な展開であった。それまでは「中国を脅威と見るな」などと物知り顔で説諭する自称穏健中国専門家が引きも切らなかった日本社会だが、明確に「これまでにない最大の戦略的な挑戦」と位置付け、北朝鮮やロシアよりも中国と対峙することの重要性を訴えたと言える。ちなみに、同じ安保戦略上、北朝鮮の動向については「従前よりもいっそう重大かつ差し迫った脅威」と位置付けられた一方、ロシアについては「安全保障上の強い懸念」という表現が用いられた。これらとの比較においても、中国に向き合うことを安保政策上の最重要の優先課題と位置付けているのが如実に見て取れる次第だ。

　こうした一般的な姿勢は結構だが、問題は、その後、具体的な事案への対応に当たってどのような行動がとられたかという点である。

その観点からは、近年の日本政府の対応は誠に腰が引けていて、首を傾げざるを得ないものが続いているのだ。「媚中に次ぐ媚中」と形容して間違いではあるまい。

皮切りは、2022年8月の中国による弾道ミサイル発射だった。ペロシ米国下院議長による台湾訪問に反発した中国は、台湾周辺で大規模な軍事演習を行っただけにとどまらず、弾道ミサイルを発射。その際、9発のうち5発が日本の排他的経済水域（EEZ）に着弾するという言語道断な顚末となった。北朝鮮によるミサイル発射ではなく、中国による発射だ。日本の水域に撃ち込まれたのは初めてのことだった。こうした事態の重大性を踏まえれば、外務大臣なり外務次官が駐日中国大使を外務省に呼びつけて、厳重に抗議するべき筋合いのものだ。ところが、この時の日本外交は異様なまでに萎縮していた。呼びつけるどころか、森健良次官が単に電話をかけて抗議の意思を伝えるにとどまってしまった。およそ、外交の常識、国際慣行とかけ離れた対応だった。むろん、中国大使が地方にいるなりして在京でなく急いで抗議を伝える場合や、そもそも呼びつけるに値しないような些細な事案であったのであれば、電話での抗議はあり得る。しかし、このケースは間違いなく前代未聞の重大事案だったし、中国大使が当時東京を留守にしていたとの情報にも接していない。それなのに、電話で済ませてしまったのは、相手に向き合うのを避けただけでなく、事態の鎮静化を、あろうことか日本側から図ったとしか受け取れないのだ。なぜか？　単にこの時の森次官がひときわ怯懦で胆力に欠けていたのか？

ちなみに、森氏は保守派の評論家に対しては、前任の次官の秋葉剛男氏に比して自分が如何に中国にタフであるかを強調して言って回っていたと聞かされた。いわば「対中タフ・ネゴシエーター」を演じようと努めていたわけだ。「対北朝鮮タフ・ネゴシエーター」を演じて名をはせた斎木昭隆元外務次官にあやかろうとしたのか？　その森氏にして、これほどまでに腰抜けのザマは何としたことか。

外務省の後輩、霞が関の他省庁に対しては、愛想に欠けるので人後に落ちないと見られていた同人だった。自衛隊大幹部やアメリカ大使までも不快にさせた事例は知る人ぞ知る話だ。その一方で、かつての上司に言わせれば、「子犬のようにじゃれつく男」との評もあった。菅義偉氏、茂木敏充氏、野田聖子氏といった特異な政治家に近づき、彼らの評価が高かった稀有な外務官僚としても知られている。まさか中国に対しても、子犬のようにじゃれついて「いい子」を演じたかったわけではないと信じたい。

さらなる問題は、この後、日中関係で事案が生じるたびにこの種の臆病なまでの対応が相次いだことである。2023年8月には、福島第一原発での処理水の海洋放出に猛反発した中国は、福島のみならず北海道のホタテや九州のイカを含め、日本からのすべての水産物の輸入を禁止するという、感情的かつ過剰な措置に訴えた。WTOルールに真っ向から背馳する保護主義的措置に他ならなかった。世界標準でいえば、このような常軌を逸した違法措置に対してはWTOに提訴し、紛争解決手続きを通じてWTO違反とのお墨付きを得て中国に撤回させるのが常道である。実際、2010年の尖閣事案の際に中国がレアアースの対日輸出を止めた際には、日本政府はWTO提訴に動いた前例もある。しかしながら、「法の支配」を喧伝してきた日本政府は、水産物全面禁輸については紛争の法的解決を求めることなく、中国との政治的話し合いを延々と続ける道を敢えて選んだのである。いまだに措置が全面撤回されるには至っていないこと自体が、話し合いの限界を物語っている。禁輸解除を中国側が日中関係上の「アメ」であるかの如く扱っているのは誠に噴飯物だ。

それだけではない。2024年5月には、駐日中国大使が、日本が台湾独立に加担すれば日本人は「火の中に連れ込まれる」との驚天動地の暴言を公の場で吐いた。翌6月には靖國神社で放尿・落書きがなされるという乱暴狼藉が発生。蘇州では日本語学校スクール

第二章 対中国 「遺憾砲」の連発で舐められる日本

バスが襲撃されて中国人女性が命を落とし、9月の深圳では日本人児童が斬りつけられて惨殺された。加えて、8月には長崎県男女群島上空で中国軍用機による初めての領空侵犯がなされた。

こうした問題が発生するたびに、林芳正官房長官や上川陽子外務大臣（当時）、岡野正敬次官（当時）以下の外務省事務当局は「遺憾」の意を判で押したように表明するにとどまった。かつ、大臣レベルの幹部自らが中国政府に対して強く抗議し、再発防止の申し入れをする姿勢は全くと言っていいほど窺えなかった。

先に考察した弱腰外交の3要因に照らせば、これほどまでに事案が相次ぎながら無為無策の日本外交に対し、明らかに多くの日本国民はフラストレーションを募らせてきている。したがって、2022年8月以来、数年にわたる前記の対中弱腰の根本原因は、日本人一般の「お人好し」にあるなどとは、もはや言えない段階にある。外務官僚の外交観、外交姿勢と政治家の胆力の欠如こそが問われるべきなのだ。

40年間にわたって政府内部での力学の展開をつぶさに見てきた筆者として言えば、ここまで悪辣かつ、非道な事案が相次いでいるにもかかわらず、日本政府が毅然とした対応をあくまでも回避し、おっかなびっくりの対応を継続するからには、何か特別な事由があるとの見方に傾かざるを得ない。

確かに、外務省事務当局の顔ぶれを見れば、森氏の後で次官ポストを継いだ岡野正敬氏も、若い頃から事務処理能力には優れている一方、「京都出身の公家のような男」「裏表がある」と省内で評されてきた器で、国士の志と丈夫の覇気には程遠い官僚だ。だが、そうした器であるからこそ、懸案が生じるたびに自ら責任を背負い込む判断を下せるタイプでもない。そう考えると、一連の日本政府の対応の裏には政治レベルでの判断、指示があったと解するのが自然だろう。

岸田文雄総理、林芳正官房長官、上川陽子外務大臣という当時のラインアップを見れば、伝統的に親中・媚中を旨としてきた自民党宏池会の政治家だ。「中国との間で事を荒立てるな」「穏便に処理しろ」といった指示が、外交当局に下りていたとしても不思議ではない。問題は、石破政権になってから、中国に傾斜した姿勢がさらに前面に出てきたことである。闇は尽きない。

第一章 対中国 「遺憾砲」の連発で舐められる日本

駐日中国大使の暴言 これぞ「ペルソナ・ノン・グラータ」ではないのか？

相次いで発生した一連の事案の中で、最も驚愕すべきものの一つは、駐日中国大使による前代未聞の問題発言だった。決して看過すべき話ではないので、日本政府がとるべきだった対応を含め、ここで考察してみたい。

2024年5月、台湾で開催された頼清徳総統の就任式に日本の超党派議員が出席したことを中国は問題視し、在京中国大使館は抗議の談話を発表した。のみならず、呉江浩《ごこうこう》駐日大使は鳩山由紀夫元総理大臣や福島瑞穂社民党党首、外務省OBの孫崎享元イラン大使らを前にした座談会で、台湾問題で日本が中国分断に加担すれば「日本の民衆が火の中に連れ込まれることになる」とまで発言した。これが肝心の暴言である。

このほか、呉大使の同僚である薛剣《せつけん》大阪総領事に至っては、上記総統就任式に出席した日本の与野党の国会議員に書簡を送り、その行動に抗議し、台湾独立に加担することがないよう強く戒めた。

こうした相次ぐ言動に対しては、日本の朝野《ちょうや》から「在京大使の発言として極めて不適切」「日本政府に対して失礼千万で、敬意を欠く」（林芳正官房長官）との声が上がるとともに、このような外交官については、「ペルソナ・ノン・グラータ」（好ましくない人物）として日本から「追放」すべきではないかとの議論が少なからず提起されてきた。

そこで、通常耳慣れないペルソナ・ノン・グラータ制度の拠って来るところは何か？　今次問題にどのように適応され得るのか？　を以下に見ていきたい。

一　外交官の保護

近現代の国際社会において外交関係を司る上で「ゴールデン・ルール」の一つとして掲げられてきたのが、主権国家の代表たる地位にある外交官の保護である。

外交官の身体は不可侵とされ、外交官は、いかなる方法によっても抑留し又は拘禁することができない（外交関係ウィーン条約第29条）。「外交官の中にも犯罪に従事するような不心得者がいないわけではないが、何らかの理由で外交官の身体の自由を奪うことができることになると、接受国（外交官の受入国）によっては様々な理由を付けて、場合によっては理由を捏造してまで外交官を拘束しないとは限らない。そうしたことは外交関係の遂行に対する著しい障碍をもたらす。こうした危険性についての国際関係の長い歴史を通じた国際社会共通の認識があって、絶対的な不可侵が認められてきた」旨（小松一郎著「実践国際法」信山社）説明されている。

だからこそ、１９７９年のイラン革命の際、イスラム法学校の学生らが在テヘランの米国大使館や総領事館を占拠し米国人外交官等を人質にとった事件は、世界の耳目を集めた。国際司法裁判所は、拘束されている米外交官等の即時解放を求めた請求等に対する暫定措置命令（１９７９年12月の判決）の中で「国家間の関係の遂行のために外交官及び公館の不可侵以上に重要な確保されるべき前提条件はない」とまで明言した。

また、身体の不可侵に並んで重要なのは、接受国の刑事裁判権からの免除である。刑事裁判については、外交官は接受国の裁判権からの絶対的な免除を享有する（外交関係ウィーン条約第31条）。「これは、外交官の身体が絶対的に不可侵とされることと同様、外交活動の円滑な遂行確保の必要性に基づく古くからの諸国家の幅広い認識の共有に裏付けられた、慣習国際法上確立した規範である」（前掲・小松一郎著書）とされている。すなわち、ウィーン条約を締結していようがいまいが、主権国家である以上拘束される規範となっているのだ。

その裏面としての「ペルソナ・ノン・グラータ」

一般人には認められていない、こうした絶対的な免除があるだけに、国際法はそのコインの裏面として、外交官として「好ましくない人物」については受け入れを拒否することができるようにしている、と言って過言でない。

外交関係ウィーン条約第9条の規定は明確である。

「1．接受国は、いつでも、理由を示さないで、派遣国に対し、使節団の長（大使のこと）もしくは使節団の外交職員である者（大使館の外交官）がペルソナ・ノン・グラータであること（中略）を通告することができる。その通告を受けた場合には、派遣国は、状況に応じ、その者を召還し、又は使節団におけるその者の任務を終了させなければならない（後略）」

「2．派遣国が1に規定する者に関するその義務を履行することを拒否した場合又は相当な期間内にこれを履行しなかった場合には、接受国は、その者を使節団の構成員と認めることを拒否することができる」

これ以上強い文言はない。

第1項に規定された通り、「いつでも、理由を示さないで」ペルソナ・ノン・グラータとして通告できるのだ。そして、派遣国が対応しなかった場合には、当該外交官を大使館員と認めない、すなわち、地位を剝奪することができるのだ。

中国大使発言への当てはめ

そうした制度の趣旨を踏まえて、今次事件を振り返って見ると、いくつかの点が留意される。

第一に、呉大使の今次発言は突発的になされたというよりも、意図的かつ計画的な側面が濃厚である点だ。何を措いても注目されるのは、2023年の4月にも同様の発言を行っていたことだ。大阪総領事の類似の発言やSNS上での発信を合わせると、「戦狼外交」の中国が極めて攻撃的で挑発的な言動に注力してきた傾向が如実にうかがえる。すなわち、今次事件への対応は、偶発的な発言への対応と言うよりも、中国の「戦狼外交」に対して日本として如何に対応するかが問われていると言える。

第二に留意すべきは、その発言の常軌を逸した内容である。中国側の従来の発言は、靖國神社参拝等をした日本の特定の人物を対象としており、そうした「反動分子」と「平和を愛好する日本国民」とを対比する手法をとってきた。中国共産党がとってきた伝統的な日本二分論だ。しかるに、今回は「日本の民衆」に対するメッセージとなり、その民衆が「火の中に連れ込まれる」とまで言った。ここでいう「火」は自然発生的なものでは毛頭ない。台湾独立を阻止し、統一を実現するために中国が否定することはない「武力の行使」の結果としての「火」だ。要は、「いざとなったら日本人を中国が殺す」と言ったに等しいのである。

外交慣例に照らせば、ここまで露骨な恫喝は滅多にあるものではない。筆者と懇談した某東南アジア主要国の駐日大使は、「なぜ日本政府は猛烈に抗議しないのか」と指摘してきた。こうした反応こそが、言語道断で非常識な発言に対する常識的な対応であることを示している。

第三に、こうした中国外交官の発言が如何なる影響を日中関係に及ぼすかという考察も欠かせない。戦狼外交官の勇ましい発言に勇気づけられた面と、江沢民政権以来の長年にわたる反日教育に洗脳された面の双方があるのだろうが、呉大使の発言の直後に蘇州で発生した日本人親子、中国人女性へのナイフ死傷事件は看過できない。さらに、昨年9月には深圳で10歳の日本人児童が白昼、母親の前でメッタ刺しにされ惨殺される誠に痛ましい事件が発生した。このような負のスパイラルは、中国大陸において排日・侮日行為が相次ぎ、それに対して日本国内の世論が「暴《ぼう》支《し》膺懲《ようちょう》」を唱え、日中戦争の深みに突入していった過去を想起させずにはいられない。為政者にはこうした歴史を鑑とする時代感覚も必須であろう。

日本政府の抗議

日本国内において一つの謎は、ここまで事態が深刻化していながらも、「政治」が出ていく節が見られなかったことである。国内で大きな議論を招いた背景には、以下の点が指摘されよう。

呉大使による一昨年4月の暴言の際には外務省アジア局審議官が抗議した一方、昨年5

月の暴言に対しては、最初の抗議は中国課長にとどまった。2回目の発言である以上、1回目の抗議に効果がなかったとしてレベルを上げた抗議をすることが外交の常識であるにもかかわらず、なぜこうした判断がとられたのか？　最終的には岡野外務次官からも呉大使に抗議したと発表されたが、遅きに失した点は否めない。

抗議のレベルに加えて疑問を招いたのは、電話による抗議という手法だ。

外交の世界においては重要なやり取りは面談で行うことが原則である。大東亜戦争の開戦通告を電話で済ませられれば、こんな楽なことはなかったろう。

同様に、前述の通り、厳重な抗議を申し入れるのであれば、中国大使を霞が関の外務省に招致して、面談で申し入れるのはイロハのイだ。2022年8月の中国による弾道ミサイルの日本の排他的経済水域への撃ち込みの際と並んで、電話をして抗議したこととする、これは国際常識からの大きな逸脱でもある。

最後に指摘すべきは、政治の姿が見られないことである。呉大使の発言の際には鳩山元総理、福島社民党党首などが同席していながら、何ら抗議の声が上がらなかったばかりか、鳩山元総理に至っては「基本的に同意する」などと述べたと報じられている。であれば岸田政権や石破政権こそ、立場が違うことを示すべきだろう。

現実的な対応

日本政府が他国の外交官に対して「ペルソナ・ノン・グラータ」を通告した例としては、1973年、いわゆる金大中事件の際に、当該拉致事件への関与が濃厚であった金東雲一等書記官に対して通告した有名な例がある。あれほど明確な主権侵害、犯罪行為はなかったことにかんがみれば、当然でもある。

他方、「この事例以外にも、日本政府が日本に駐在する外交国の外交官等に対して非行等の理由で退去を要求した例が存在するが、これら他の事例においては、『ペルソナ・ノン・グラータ』という語を明示的に使用せず、対象となる者の自主的な退去を促すことが多く、現実には、このような申し入れを受けた派遣国は対象職員の自主的な退去に応ずるのが通常の姿である」（前掲・小松一郎著書）との含蓄に富んだ指摘がある。

中国政府のみならず日本政府としても、中国側の面子《メンツ》なるものを重んじるが故に何らの措置もとられてこなかったのだとすれば、このような現実的な対応を追及するのも一考に値するだろう。負のスパイラルを脱するためにも検討が必要である。

国際慣行ということであれば、２０２４年10月には、カナダとインドという友好国同士の間でさえ、大使レベルの外交官の追放合戦が行われたことを指摘したい。カナダでシーク教徒のリーダーが殺害された事件を巡り、インド政府関係者の関与を問題視したカナダ政府が「ペルソナ・ノン・グラータ」として駐加インド大使追放という措置をとり、それに対して反発したインド政府が、カナダの外交官追放で応じた次第である。

呉大使の常軌を逸した攻撃的、好戦的な発言が、その後の中国による日本人他の刺殺事件、靖國神社凌辱事件につながったという一連の事案のつながり（シークエンス）があるだけに、駐日中国大使発言に対する対応は再考すべきだ。

在留邦人への斬りつけ殺傷事件

呉大使の発言は、台湾有事に関する限りは今の時点では発言だけにとどまり、「火の中に連れ込まれる」という実態は幸いにして発生はしていない。しかしながら、より深刻なのは、呉大使発言の前後を通じて、実際に中国に住む日本人が災難に巻き込まれ、犠牲者が命を落とした事件が続出したことである。

第二章

対中国 「遺憾砲」の連発で舐められる日本

始まりは2024年4月の蘇州。日本人男性に対する斬りつけ事件が発生。その後、6月には同じ蘇州で、今度は日本人学校のスクールバスが襲われた。攻撃をうけた親子を守ろうとした中国人女性が刺されて殺されるという悲劇が生じた。

問題は、これで終わらなかったことだ。9月には今度は深圳で日本人学校に通学途中の親子が襲われた。10歳の男児が白昼に母親の面前で刺殺された。日本政府が繰り返し事実関係の究明を求めているにもかかわらず、中国側は暖簾に腕押しであり、説明らしい説明はなされていない。他方、香港紙によれば、腹部と太ももをメッタ刺しにされ内臓が飛び出すほどのむごたらしい惨状であったと報じられた。

これらの事件への対応を振り返るにつれ、大きな問題が二つ浮かび上がってくる。

一つは、何故、深圳での児童惨殺の悲劇を防げなかったのか？ ということだ。

予兆はあった。前述の通り、蘇州では4月と6月に日本人が襲われていた。それだけでなく、吉林省では米国人4人が被害に遭っていた。反日教育に加えて、経済不況、失業率の高まりを通じて社会不満が高まっていたことも背景にはある。問題はその予兆を捉えて十分な予防措置は講じられたのか？ が問われなければなるまい。

むろん、ことは中国の領域内の問題だ。日本人をはじめとする在留外国人の安全を確保する一義的責任は中国側にある。しかしながら、この点についての日本政府のアンテナ感度が鈍く、動きも遅かったことは否めないのではないか？

6月の蘇州での事件発生直後、金杉憲治駐中国大使はメディアに対して、「個人的には日本人がターゲットになったものとは思わない」と広言した。江沢民以来の反日教育、習近平政権下での戦狼外交が背景にあって、日本人が相次いで狙われていると解すべきは常識なのに、それを否定するかの如き発言だ。何の根拠も示すことなく、「日本人が狙われているわけではない」とメディアの前で発言する短慮と説得力に欠ける対応は、印象的だった。あたかも旧来のチャイナスクールのように事態の鎮静化に躍起となっていると解さざるを得ない政治的発言だった。しかし、その後、さしたる安全確保措置もとられることなく、9月には深圳で児童が命を落とすに至った。その報に接した金杉大使は、今度は「忸怩たる思い」と発した。

何が忸怩なのか、その真意は不明である。蘇州事件の際の自らの発言が的外れであったことを指したのか？

いずれにせよ、先述の通り、在留邦人の安全確保の責任は一義的には中国側の問題である。中国側の警備、安全確保が不十分である以上、「忸怩」などという日本側にも非があるかのような言葉づかいをメディアにすることは全く不適切だ。「言語道断」「決して受け入れられない」「強く抗議する」といった言い回しこそ、ふさわしい状況だった。

もう一つの大きな問題は、中国側の対応だ。事件発生時には「個別、偶発的な事件」などと述べて責任逃れを図った上、呉大使は日本の財界人を相手に「過ぎた事件を云々しても仕方ない」などと述べたと伝えられている。誠意のかけらも感じられない。その後、事実関係の究明を求める日本側に対して、中国側の回答は「曖簾に腕押し」以外の何物でもない。蘇州、深圳双方とも事件の犯人には死刑判決が下されたが動機等は不明確なままであり、早期の幕引きを図ったとしか言いようがない対応だ。

このような対応がさらに日本国民の信頼を棄損し、ひいては中国市場からの家族の退去、企業の撤退や投資の引き揚げに十分つながりかねないことを、日本政府としては中国側に認識させるべきである。そして、それをテコにして反日教育の中止を含め、是正措置を中国側にとらせるべきである。

深刻な領空侵犯

中国大使による暴言、靖國神社での凌辱事件、在留邦人に対する斬りつけ殺傷のような反日、侮日行為と軌を一にするように相次いで発生してきたのが、日本の主権と安全保障を損なう侵害行為である。

尖閣諸島周辺の日本領海については、２００８年12月に中国の公船が初めて領海侵入を行って以来、あたかも既成事実を積み重ねるように、中国はほぼ定期的に領海侵入を繰り返すのみならず、その頻度を上げ、さらには領海での滞在時間を延ばしてきた。

今、同様の行為が日本の上空でも繰り返されかねない状況にある。領空侵犯だ。

２０２４年８月26日、長崎県の男女群島沖上空で中国軍機が２分間にわたって日本の領空を侵犯するという重大な主権侵害を行った。領空を侵犯したのは戦闘機ではなく情報収集機。通常10名ほどの乗組員が搭乗している情報収集機で自らの飛行位置を把握していないことなどあり得ず、過失ではなく意図的な侵犯と解される。２０１２年に中国国家海洋局所属の飛行機が尖閣諸島上空で領空侵犯したことがあり、これも絶対に許されない行為だが、今回の領空侵犯は中国が一度も領有権を主張したことがない領域の上空で起きた侵犯であり、あからさまな日本の主権侵害だった。

そもそも領海には無害通航権が認められており、一定の要件を満たせば民間船舶のみならず、軍艦でも潜水艦でも航行することができる。これに対して、領空の場合は完全かつ排他的な領域国の主権が及んでおり、国際法上の意味合いも異なる。飛行機が船舶よりも遥かにスピードが速く、侵入を受ける領域国の安全保障上の脅威からして比べ物にならないといった事情がある。そういう意味でも中国軍用機による領空侵犯は、かつてない重大な事案なのである。

国際的な慣行を見ても、領空侵犯が起きた場合には、領空からの退去を求められ、応じなかった場合には強制着陸を求めることができる。それにも応じない場合には警告射撃が認められ、さらには撃墜されることもあり得る。1983年、旧ソ連の上空を通過した大韓航空機が領空侵犯を理由としてソ連軍の戦闘機に撃墜される事件まで発生している。これは民間商用機に対する対応としては明らかにソ連の過剰防衛であったが、領空侵犯がどれだけ重大に受け止められているかを示してもいる。

そのような事案の重大性にかんがみれば、この時の日本政府の反応もまた首を傾げざるを得ないものだった。岡野外務次官が中国大使館の臨時代理大使を呼び出して抗議したのは当然であるとしても、上川陽子元外務大臣は何ら動かなかった。本来であれば王毅外務大臣に電話するなり会談するなりして申し入れてしかるべきだった。

さらに輪をかけてひどかったのは、翌日の8月27日には自民党の二階俊博元幹事長や立憲民主党の岡田克也元幹事長など、超党派の「日中友好議員連盟」所属国会議員がノコノコと中国を訪問したことだ。お目当ての習近平国家主席には会えず袖にされただけでも惨めだが、格下の王毅外相にも待たされ、一方的な説教を聞かされて二階元幹事長らは夕食の席まで領空侵犯の問題を持ち出せなかったと報じられた。何とも情けない話ではないか。これでは、再発防止を求めるメッセージの伝え方としては到底不十分である。

あるべき対中姿勢

以上のように、近年の日中関係上の問題を振り返って見てくると、今後の日本が拠るべき指針が見えてくるのではないだろうか？　日本政府がとるべき対中姿勢を考察してみたい。

核兵器を保有し、日本に対する敵意を隠さない中国、北朝鮮、ロシアといった権威主義体制に囲まれた日本。ロシアの侵略が続いているウクライナ戦争に当たり、北朝鮮がロシアに武器やミサイルを提供するだけでなく、遂にはロシアの側に立って参戦するまでに至っている。中国は台湾統一への野望をことあるたびに表明し、武力行使の可能性まで示唆して憚らない。まさに、日本として未曽有の国難に直面しているのだ。こうした中で、外交・安全保障面での最重要課題は、習近平の中国に如何に向き合っていくか、であることは間違いない。

先述の通り、２０２２年末に打ち出した国家安全保障戦略において、中国の対外姿勢や軍事動向等を「これまでにない最大の戦略的な挑戦」と明確に位置付けた日本政府ではあった。だが、その後の具体的な問題への対応を見れば、この一丁目一番地の戦略課題に十分に取り組んできたとは到底言えない。具体的な問題に直面するたびに「遺憾」を連呼するにとどまり、成す術を持たなかった無為無策が国民の耳目に焼き付いた。国防費増額、ウクライナ支援、日韓関係の改善といった目に見えた成果を上げながらも岸田外交への評価が高まらなかった最大の要因は、そこにある。

では、これからの政権、日本政府はどう対応すべきなのか？　以下、7つの提言をしたい。

1．泰然自若とせよ。

40年間にわたって外交最前線で歴代の総理のパフォーマンスを観察してきた筆者の経験に基づけば、外国首脳と伍して位負けしなかった総理大臣は、中曽根康弘元総理と安倍晋三元総理にとどまる。だから、「無理して張り合え」とは言わない。実際、2024年9月に行われた自民党総裁候補の顔ぶれを振り返って見ても、習近平国家主席と対等にやり合える胆力の持ち主が稀少なことは国民の誰しもが分かっている。ましてや、石破総理にそのような才覚があるとは到底見受けられない。

しかし、パブリック・ディプロマシーとSNSの時代にあって、ボディー・ランゲージの重要性はいくら強調してもしすぎることはない。王毅外相に接した時の河野太郎元外相のように、学生と教師との関係の如く卑屈に頭を垂れることなど言語道断だ。また、訪中した日中友好議連の連中のように、重大な懸案に接しながらもヘラヘラと力ない笑みを浮かべるようなザマだけは見せるな、と釘を刺しておきたい。友好国に対しては絶対にやるべきでないが、中国との間では時には石破総理がトレードマークの白目を剝くような覇気と蛮勇があってもいいかもしれない。

2. スローガン外交から卒業せよ。

１９７２年の国交正常化以降の日中関係の基調を設定してきたのは、スローガンだった。長らく「日中友好」のお経が日本国内を席巻し、誰しもがそれを連呼してきた。「日中友好」が手あかにまみれ、賞味期限が切れた後は、「戦略的互恵関係」がとって代わった。

もちろん、今さら「日中友好」でもないのだが、「戦略的互恵関係」も不適切であり、冗談でも受け入れられない。今や領海侵入のみならず領空侵犯を犯して顕在的脅威を提示し、「最大の戦略的挑戦」となっている中国だ。同盟関係に次ぐとされる「戦略的パートナーシップ」を構築し得るわけなどなく、自家撞着でしかあり得ない。スローガンを唱えて問題を糊塗する対応はやめなければならない。是々非々で対応する大人の外交に転じる時期だ。

１９７０年代から１９９０年代にかけて日本中を席巻した「日中友好」などというスロ

ーガンを呑気に繰り返す人間が絶滅の危機に瀕したのは結構なことだが、「戦略的互恵関係」には、まだまだ根強い信奉者がいるようである。「戦略的パートナーシップ」とは、日本と豪州、日本と英国のように同盟国には至らないが、基本的価値（民主主義、人権尊重、法の支配、市場経済）と戦略的利益（ウクライナ、南シナ海、台湾海峡等）を共有するような重要な安全保障上のパートナーの間で使われるのが一般である。日米英豪から見れば、まさに川の対岸にいるロシアと北朝鮮との間の関係も、「戦略的パートナーシップ」だ。

こうした国際社会の相場観があるにもかかわらず、日中間で「戦略的互恵関係」たる用語が使われてきた背景には、原則論を唱える形をとりつつ、各論への対処に当たってはいつでも自分たちに都合のいいように解決を図る中国外交の伝統的手法がある。それとともに、この用語に固執してきた中国の狙いとしては、日米同盟を日本外交の基軸としてきた日本に対する「おいで、おいで」であり、日米離間を図って楔を打ち込んできたという思惑が透けて見える。こんな企図を秘めたスローガンに、いつまで付き合うのか？　そもそも、日本外交が多くの国とはそのような標語に依拠せずとも進められてきていることにかんがみれば、そろそろ卒業すべき時だろう。

鄧小平以来「豊かな中国」を目指してきた中国が、習近平の下では「強い中国」を求めているとの見方は至当だ。そんな強さを求め、少しでも相手が弱いと見るとその強さをひけらかす中国。このように変わった中国とどのように向き合っていくのか？　定番のスローガンを口にするだけで思考停止にならないよう、冷徹な思考と周到な熟慮が求められよう。

3．言うべきは言え。

「岸破」外交への日本国民の最大の不満は、日本の排他的経済水域に弾道ミサイルを5発撃ち込まれようが、福島原発の処理水を「核汚染水」などと呼ばれて日本の水産物の輸入を全面的に禁止されようが、在中国のビジネスマンが拘束されようが、駐日大使が暴言を吐こうが、靖國神社が放尿・落書きされようが、蘇州で日本人が斬りつけられようが、一様に「遺憾」と発するだけだったことだ。まさに「遺憾砲」の限界だ。言語道断の事態が発生した際には、官房長官や外務大臣、外務官僚に丸投げするのでなく、総理大臣自らが自分の言葉で物申すことが必須だ。「聞く力」だけでなく、「語る力」が重要な所以である。「遺憾」とは便利な外交用語であり、相手の行為を非難する時にも、自分の行為に責任があることを婉曲に認める際にも使われるものだ。したがって、本当に怒った時には全くふさわしくない用語である。代わりに、「言語道断」「強く非難する」「決して受け入れられない」など、TPOに応じた発信を期待したい。

怒るべき時に怒る、これは人間関係のみならず、国家間の外交においても基本中の基本である。それによって、抑止力を効かせることができるし、相手から一定のリスペクトを確保することも可能となるのだ。目の前の相手方と居心地の悪い関係に立ちたくないからといって怒るべき時に怒れないと、事態はより悪化し、再発防止など図れないこととなる。要は、舐められてしまうのだ。

4. 仲間をリードせよ。

あり得べき台湾有事への対応を議論するたびに気になるのは、日本の一部の識者の間には日本は米中対立の傍観者であるかのような受け止め方をする人間が必ずいることだ。その中には、ダチョウのように頭を砂に埋めて対立に巻き込まれることなく問題が去るのを待つのが得策などという「知恵」をしたり顔で説く者もいる。

実は、そんな余裕も猶予も許されない。日本こそが中国の台頭が提起する安全保障上の挑戦に最前線で対峙するフロントライン国家なのだ。こうした問題意識に立って、米国、豪州、インド、フィリピン、韓国、英国といった、基本的価値と戦略的利益を共有する同志国をリードしていくのは日本の責務である。台湾海峡の平和と安定が近隣国のみならず、地域、さらには国際社会の平和と繁栄にとって重要であるだけになおさらだ。

安倍政権はそうした責務を果たすべく、「自由で開かれたインド太平洋」という今や世界に広く受け入れられた概念を打ち出すとともに、それを実現するための道具立てとして、日米豪印の戦略対話（クアッド）を主導した次第である。だからこそ、世界の主要国の首脳が続々と来日し、日本の首相の話に熱心に耳を傾けたのだ。語る力だけでなく語るべきものをも持たなかった菅、岸田政権時代、そうした海外からの要人の訪日が質量ともに顕著に低下した。これからの政権は盛り返さなければならない。

5．大きな絵を描け。

同時に、東南アジア、太平洋島嶼国、南西アジア諸国を念頭に置いた場合、日本の総理大臣が習近平国家主席と同じリングに上がって吠え合うだけと受け止められてしまっては、共感や支持が得られないことも国際社会の現実である。自由で開かれたインド太平洋、なかんずく、「法の支配」に支えられた地域秩序の確立を主導しなければならない。ここでいう「法の支配」とは、小難しい法律上の概念ではない。「すべての国が平等に扱われる」「力の強い国が弱い国を小突き回す世界であってはならない」というのがエッセンスなのだ。

そうした「法の支配」を確立していくためには、口先で一般論として繰り返すだけでは不十分である。紛争が生じた際には法的手続きに従って解決する、例えば、中国による日本の水産物全面禁輸措置については、話し合いをしても中国がまだなお撤廃しないのであればWTO提訴を躊躇するべきではない。

また、新たな「法」を作るべく、宇宙デブリ、海洋プラスチックごみといった国際社会の共通課題について条約作成交渉をリードするのも大事だ。

その関連でいえば、「アジア版NATO」などという幻想はいち早く捨て去るべきだ。そもそもNATOのような集団的自衛権に基づく共同防衛の枠組みが成立するためには、共通の目的、共通の脅威認識、共通の行動をとる準備が加盟国の間になければならないことは先述の通りだ。

旧ソ連、ロシアのような共産主義、権威主義体制に対して、自由民主主義陣営を守ろうとする目的が共有されている北米・欧州諸国とアジアの事情は異なる。シンガポールをはじめ、多くの東南アジア諸国の間では民主主義や人権尊重という掛け声に鼻白む向きが強いのが政治的現実だ。

ましてや、中国を脅威とみなしてそれを公に宣明することは誠にハードルが高い話だ。東南アジア諸国はもちろんとして、韓国、場合によっては豪州のような国でさえ腰が引ける可能性は十分にある。

共通の行動をとる準備という面では、日本こそが制約を抱えていることは常識だろう。いわゆる「存立危機事態」に当たらない場合であっても集団的自衛権の行使ができるようにする、すなわち、他の加盟国が攻撃を受けたら直ちに助けに行けるようにするためには集団的自衛権のフルスペック（全面的な）行使が大前提だ。日本自らができないことを他国に求めても説得力に欠けるだけでなく、峻拒にあうことは必定だろう。アジア版NATOを云々する前にやるべきは、我が国が集団的自衛権を全面的に行使できるよう憲法9条を改正することなのだ。

実際、すでにインドのジャイシャンカル外相は、集団的自衛権の行使を義務付けられることに拒否反応を示し、アメリカの有識者もアジア版NATOの実現可能性について冷ややかな反応を隠さない。

こうした状況で、この問題にこれ以上リソースを費やすことの愚を悟るべきだろう。自民党政務調査会で検討する価値もない。そんなことをする時間と労力があるのであれば、台湾有事が発生しないように抑止力を高め、万が一にでも抑止が崩れた場合の対処力の強化を真っ先に進めるべきである。

6．歴史に学べ。

これは中国人の対日説教ではない。日本人自身が自らかみしめるべきメッセージだ。

中国から日本に帰化し、日中双方の事情に通じた評論家の石平氏が「なぜ中国から離れると日本はうまくいくのか」（ＰＨＰ新書）という名著で明晰に説明した通り、日本の歴史を紐解けば、中国に接近し大失敗をした事例が多数存在する一方、中国と適切な距離を置いたことで成功を収めた事例もある。朝貢貿易に走った足利義満、明征伐を企図した豊臣秀吉、中国大陸での日中戦争にずるずると深入りしていった大日本帝国は大きな代価を払わされた。しかるに、聖徳太子、北条時宗、徳川家康らは知略をもって難題に立ち向かった好例ではないか？　まさに歴史に学ぶべき時である。

また、これからの政権は、中国のような体制との間では、首脳間の個人的関係を過度に重視することの危険をしかと肝に銘じておくべきだろう。胡耀邦《こようほう》との間で家族ぐるみで構築してきた関係を重んじた中曽根康弘元総理が靖國神社公式参拝をやめたところで、胡耀邦の失脚は止められなかった。のみならず、日本の総理は圧力をかければ靖國参拝のような重大な歴史認識問題でも折れてくるとの前例を作ってしまった。痛恨の極みだ。

2024年8月、あれほど中国要人との個人的関係構築に意を用いてきた二階元幹事長が日中友好議連訪中団を率いて訪中したものの、同日にサリバン米国大統領補佐官にさえ会っていた習近平国家主席は、二階氏らとの会談にさえ応じようとしなかった。これも苦い教訓だ。

7．二度と謝るな。

2025年には大東亜戦争終戦後80年を迎える。戦後50年や70年談話の経緯に照らせば、国内外の勢力が日本国内の分断を促進し、さらには日米同盟に楔を打ち込むべく歴史カードを振りかざしてくるのは必至だ。慰安婦問題の茶番が白日の下にさらされた今、着火剤として使われる可能性が高いのは徴用工問題だろう。

石破総理がすべきは、新たな談話を出すことでは決してない。70年談話で「あの戦争には何らかかわりのない世代の子供たちに謝罪を続ける宿命を背負わせてはならない」と宣明された以上、もはや言うべきことはない。過去の傷跡をいつまでも自虐的に掘り返すことの無益と愚をしかと認識すべきである。

歴史認識問題とは、中国が日本というATMからお金を引き出す時の暗証番号として使われてきたというのが、日中双方の事情に精通した石平氏の皮肉に満ちた観察である。いつまで続けるのかという自省こそ、日本側に必要ではないだろうか。

第二章 対ロシア

どうする北方領土問題

背信の歴史

近現代史におけるロシアとの関係を振り返った場合、注意を凝らして見るべきは、「背信の歴史」とも称すべき日露間のやり取りだろう。歴史の重要な局面で日本の期待と信頼に反する行為がロシアによって講じられ、これが日本人の対ロシア観を育み、日露関係の底流を形作ってきた。そして、この歴史を忘れると再び過ちを犯すことになる。

どういうことなのか？

近現代の日露関係史を紐解くと、何故ロシアが日本、そして日本人の信頼を確保できないかが分かるのではないか。

日本史の教科書で、アメリカのペリー提督一行の黒船での来航に触れないものはない。その陰で忘れてはならないのは、日本進出を企んでいた列強は米国に限られないという事実だ。その一例が、１８６１年のロシア軍艦による対馬占領事件だ。あまり知られていないが重大な事件である。

同年3月、ロシア軍艦ポサドニック号が突然、対馬の浅茅湾《あそうわん》に来航した。ロシアの目的

第二章 対ロシア どうする北方領土問題

は、イギリスに対抗して対馬を太平洋進出の軍事基地にすることであった。南下して不凍港を求める帝政ロシアの戦略的動きの一環であった。360人ものロシア兵が島の一部を占拠して対馬藩を恫喝。租借を要求し、木材・牛馬・食糧・薪炭を強奪するのみならず、沿岸を測量し、山野で野獣を捕獲し、婦女を脅かしたと伝えられている。緊張が高まった際には対馬藩の警備兵を射殺し、拉致した捕虜を軍艦に連行するといった暴挙まで発生した。日本側は対応に苦慮していたものの、結局、英国が干渉し、東洋艦隊の軍艦2隻を対馬に回航し示威行動を行ったため、ポサドニック号は対馬から退去するに至った。

ロシアの立場からは、帝国主義の時代にあって英国に先を越されて対馬が租借されることを恐れての鍔迫り合いの一環であったとされるが、結局、対馬の租借など行われなかったことにかんがみれば、この過程でロシアが示した傍若無人な対応がその後の近現代史における日露関係の展開を予兆していた感は否めない。

第二に挙げるべきは、日清戦争後にロシアが主導した三国干渉だ。

日清戦争で勝利した大日本帝国に対し、下関で日清両国の間で合意された講和条約によれば、台湾、澎湖諸島に加えて遼東半島も日本に割譲されることになっていた。しかるに、清国は、「極秘裡に英、露、仏に講和条約の内容を通知し、日本側が課した条件は苛酷であり、特に遼東半島の割譲は承服できないと訴えた」とされている（岡崎久彦「陸奥宗光とその時代」ＰＨＰ研究所）。これがいわゆる「三国干渉」の引き金となり、ロシアがフランス、ドイツと謀って日本に対し遼東半島領有を放棄するよう勧告してきたのである。当時の陸奥宗光外相は英米の助けが期待できない中で、現実主義的観点からこれを受け入れたが、日本の世論は大いに反発し、その後「臥薪嘗胆」を唱えて軍備拡張につながることとなった。

ロシアの背信は、日本に遼東半島を放棄させたことにとどまらなかった。その後、ロシアは清に賄賂を贈って秘密協定を結び、なんと日本に放棄させた遼東半島の南端にある旅順・大連の租借に成功したのである。

もう一つは、大東亜戦争末期のソ連の対日参戦である。

当時、米英相手の戦争に負けが込み、もはやグロッキー状態にあった日本に対し最後の引導を渡したのがソ連の対日参戦だった。ヤルタ会談でアメリカのフランクリン・ルーズベルト大統領が東アジアの歴史と地政学に無知であったことから、ソ連参戦の見返りとしてクリル諸島（千島列島）の対ソ連引き渡しを認めたことの罪は大きい。

だが、それ以上に日本にとって大きな衝撃となったのは、当時の大日本帝国が無謀かつ

第二章 対ロシア どうする北方領土問題

ナイーブにもソ連に日米戦争を決着させるべく仲介を要請していたにもかかわらず、そのソ連が見事に裏切って米国の側に立って日本に牙を剝いてきたことだ。さらに、国家間の信義として最も大事なことは、当時の日ソ間では中立条約が有効であり、ソ連による対日参戦が条約違反にあたったことだ。具体的には、中立条約第2条には「締約国の一方が一又は二以上の第三国より軍事行動の対象となる場合には、他方の締約国は該紛争の全期間中中立を守るべし」との規定があった。ソ連は1945年4月にこの協定を終了させたいとの通告を行ったが、協定上、通告後1年間は協定の効力は残り、1年後に効力がなくなる仕組みだ。すなわち、ソ連が参戦した1945年8月9日の段階では、日ソ中立条約はいまだ有効だったのである。日本として国家の存亡がかかる最大の苦境に陥った際にソ連は露骨な国際法違反を犯し、疲弊した日本に仮借ない攻撃を加えたのである。国家・民族として決して忘れてはならない仕打ちだ。

しかも、旧満洲や朝鮮半島に攻め込んできたソ連軍は、乱暴狼藉を極めた。日本人女子は髪を短く刈り込み歯を黒く染めようが、婦女を調達しに民家に押し入ってきたソ連兵による強姦を逃れることは困難だった。「ソ連兵に蹂躙されるくらいならば」と、父親が愛娘の命を泣く泣く絶った事例まで伝えられているほどだ。

それだけに終わらなかった。軍人、民間人を含めて60万人近い人間がシベリアに抑留され、極寒の地での重労働で多くの抑留者が命を落としたほか、生き残った人たちの帰還が1956年まで長引いたのである。これも、紛れもない国際法違反であり、甚だ人道に悖《もと》る行為であった。

このように見てくると、何故ロシアが日本の信頼を得られないかがよく分かるだろう。もちろん、ロシアの生み出した豊かな文学や芸術上の業績が多くの日本人を魅了してやまないことは事実である。私が日本国際問題研究所の所長代行を務めていた頃（2016—2017年）も、ロシアのシンクタンクと意見交換をするたびにロシア側からは何とか日本との関係を改善したいとの秋波が寄せられることはしばしばだった。「自分たちは日本が好きだ。中国は信用できない」というのが、彼らが私の耳元で囁いた一貫したメッセージでもあった。

だが、前述の歴史、特に重要な局面での背信の数々を踏まえれば、おいそれとは乗れない躊躇が日本側にはある。そのことへのロシアの認識も十分ではない。より大きな視点で見れば、北欧や中東欧の多くの国々がロシアに対して抱いてきた認識・感情と相似形とも言えよう。

ルサンチマンの思い

その上で問題をさらに複雑化しているのは、ロシア側の対日観である。

基調として、日本人の対ロシア観に比べて遥かに良好であるのは間違いないのだが、このと歴史の問題になると微妙である。

第一に挙げるべきは、1904－1905年の日露戦争に敗れたことへの屈辱感だ。東アジアの新興国である大日本帝国が、日本海海戦、旅順攻略、奉天大会戦など世界の軍事史に燦然と輝く赫々《かっかく》たる勝利を収め帝政ロシアを打ち破ったことは、トルコ、インド、イランなど世界各地に大きな影響を与えた。これは多くの識者が語り、著してきたことだ。

ところが、ロシア側から見れば拭い難い屈辱に他ならない。賠償金の支払いは免除されたものの、樺太の南半分を割譲するとの領土面での譲歩までさせられたのである。旅順攻防戦に勝利した乃木希典大将が水師営でステッセル中将に会見した際に帯刀を許したことが日本側では美談として伝えられてきたが、ロシア側の受け止め方は全く別物だったのではないか。

また、ロシア革命の際に西側各国がシベリアに出兵し、その中で中心的役割を担ったのが大日本帝国であったという歴史もある。彼らから見れば共産主義革命への容喙《ようかい》であり、自国領土への外国軍隊の出兵という受け入れ難い行為でもあった。

こうした歴史があるからこそ、大東亜戦争の末期であってもソ連が参戦し対日戦において漁夫の利を収めたことに対し、ロシア人の積もり積もったルサンチマン（恨み）の発散を見出すロシア人が絶えないこととなる。日本人から見ると火事場泥棒の如く強奪した北方四島について、プーチン大統領自らが「戦争で勝って獲得した」ことを今に至っても強調する背景には、こうした事情がある。

日本から見れば背信の連続、ロシアから見れば屈辱とその払拭。このように見てくると、両国間の関係が一筋縄ではいかないことがよく理解できるのではないか。苛烈なまでの大東亜戦争を経て、特に、真珠湾攻撃を「恥辱の日」と捉え、東京大空襲、広島・長崎原爆投下という行為にまで手を染めたアメリカとの類似点を指摘する向きもあるだろう。だからといって、ロシアとアメリカが日本との関係で立場を逆転させることが可能であったとは思えない。民主主義、市場経済、法の支配、人権尊重といった基本的価値を共有するかという問題に加えて、歴史的事象が発生した際にうかがい知れる国民性が大きな要素となってきたと受け止めている。

一 ロシアの極東軽視

日露関係を難しくしているもう一つの要因は、ロシア側のアジア、日本軽視だろう。

ロシアという国はユーラシア大陸を東西に広くまたがる形で展開しており、シベリア、極東を経てウラジオストクで日本海、さらには太平洋に臨む地理環境にある。したがって地図を見る限りにおいてはヨーロッパとアジアの双方に属しているのだが、国民心理としては欧州国家であることは間違いない。文化や宗教を見ても、歴史的、伝統的に自国の西側に位置する欧州の諸国家との関係の方がアジアの国々との関係よりも遥かに濃密だった。ロシア国内の人口の偏りや、往来の数字にも表れている。端的に言えば、ロシア人エリートが関心をもって見ているのはパリやロンドンであり、北京や東京ではない。ロシアのオリガルヒの莫大な資金の行先を見ても、英国プレミアリーグのサッカークラブ買収やロンドンの高級アパート購入等というのが通例である。

加えて、日本を見る目は、外交・安全保障政策面で米国に従属しているジュニア・パートナーというステレオタイプから脱却することができない。北方領土返還交渉でのやり取りにおいても、日本側からアメリカが1972年に沖縄を返還したことに言及すると、日本が日米安保条約を廃棄すれば北方領土返還を考えてもいい、などというレスポンスを寄こしてきたものである。これなどは、北方領土をおいそれと返還してなるものかという意味合いとともに、強固な日米同盟に楔を打ち込みたいという積年の思いの表れと見ることもできよう。先述の対馬事件以来の日本との信頼関係構築に当たっての不器用さと、アメリカの動きに比しての遅れが顕著なのだ。

こうした歴史の積み重ねとロシアの対日観を踏まえておかないと、日露関係の現状の評価、今後の展望の見通しを誤るというのが私の持論でもある。さて、以上を踏まえた上で、近年の日本の対露外交を検証していきたい。

一 安倍外交の功罪…なし崩しの北方領土交渉

間違いなく、最近の総理大臣の中でロシアとの関係改善に力をあげて取り組んだのは安倍政権であった。だが、安倍元総理の悲劇的な死去から2年以上が過ぎた今もなお、日本

第二章 対ロシア　どうする北方領土問題

国内においては安倍外交の評価が定まってこなかった。否、如何に評価すべきか、議論らしい議論すら行われてこなかったと言って過言ではない。物事が一区切りついた後に厳しい省察が加えられることが極めて稀であるのが、日本の悪い性癖である。

その間、菅、岸田、石破と政権は代わり、議論がないままに安倍外交のレガシーがかき消されつつある感がする。岸田政権による「自由で開かれたインド太平洋」「日米豪印戦略対話（クアッド）」に対する無関心、乃至は腰の引けた対応、石破政権による「アジア版NATO」や「日米地位協定の見直し・改定」への拘りは、裏を返せば安倍外交を無条件・無批判に継承することはしないとする政治指導者としての意思表示とみなして良いだろう。

その一方、国際社会で確固とした存在感を見せた安倍外交を懐かしみ、現在の停滞状況を嘆く声もかまびすしくなってきた。

従来、アンチ安倍派は、安倍晋三個人、そして彼が代表した保守的主張に対する嫌悪感を前面に押し出し、感情的なまでに声を極め、その功績を否定して回ることに躍起となってきた。昨年9月の自民党総裁選の際にも、安倍外交の一番の後継者とみなされた高市早苗前経済安保担当大臣に対しては、広言してきた靖國参拝が日中、日韓関係に及ぼす影響が心配であるなどとして仮借ない批判が加えられた。一方の安倍シンパは、執拗な安倍批判に対する反発からか、必要以上に安倍外交を賞賛し、安倍外交のレガシーを守ろうとする状況が続いてきた。

こうしたアンチとシンパの分断、そして両サイド間の冷静な議論の不足は、外交を巡る日本の知的コミュニティの未成熟を象徴している。是々非々で冷徹にそれぞれの外交政策における得失を論じ、今後に生かそうとする議論こそが必要とされているのに、そのように事は運ばないのだ。外交評論家になって痛感したことだが、日本のメディア、特に主要紙、主要テレビ局はそもそも総じて「左ぶれ」が激しい上に、「社論」と相容れない論者にインタビューをする、評論を書かせることなど、まずやらない。自分たちと立ち位置、意見が同じ論者を繰り返し使う。だから、議論に広がりと深みが欠け、国際社会に出た時に論戦に勝てるような経験を積むことができないのだ。今やオールドメディアはＳＮＳの批判に忙しいが、何のことはない、昔から小さな井戸の中で共鳴し合って自己満足に陥ってきたのは彼らなのである。

政治的立ち位置、好き嫌いを脇において、国際政治の流れを虚心坦懐に振り返ってみれば、安倍元総理が8年近くにわたって率いた長期政権の最大の効用が日本の国際的地位の向上であったことは異論がないだろう。安倍元総理は、おそらくは中曽根康弘総理以来の確固とした歴史観、国家観を有した上に、外交への多大な関心と鋭敏な感覚、豊富な知見を有し、時間と体力、気配りを惜しむことなく、主要国の首脳と個人的な関係を営々と構築し、維持・強化していった。トランプ大統領との度重なるゴルフ、インドの首相やモンゴルの大統領を河口湖や富ヶ谷の私邸に招いてまで接待したことは、そうした努力の一環だった。安倍批判を躊躇わない石破総理がこうした人的関係の構築において殆どと言っていいほど実績を残せていないこととの対比は際立っている。

昨年11月、APEC首脳会議での集合写真に遅れた石破総理の所作が大いに批判を浴びたが、G7サミットなどの国際会議で記念写真を撮るたびに日本の総理の位置取りや風采にがっかりしてきた国民目線から見れば、安倍元総理が見た目と発言内容の双方において「位負けしない」外交を展開したことは間違いない。その意味では、まさに稀有の総理だった。だからこそ、日本国内よりもむしろ海外で評価されているのである。

安倍氏と親交を深めた各国首脳の一人であったオーストラリアのトニー・アボット元首相は、「新約聖書から『預言者は自国では名誉がない』という一節を引用して『安倍晋三は単に長期政権を維持しただけの首相ではない。彼は世界中から賞賛された本当に素晴らしい政治家なんだ。ところが、肝心の日本人がそれを理解していない』と指摘していた」（山上信吾・山岡鉄秀共著「歴史戦と外交戦」ワニブックス）とのことである。

戦略、政策面での功績を見ても、自民党内、日本国内の強い反対勢力を押し切ってTPP（環太平洋パートナーシップ協定）交渉に参画、米国が抜けた後のTPPを豪州等の同志国と連携しつつ、瓦解させることがないよう強力に支えた。そして、TPPの発効、さらには英国の加入という道筋をつけて画期的な貿易・投資枠組みの礎石を確固たるものとした。こうした手腕は、TPPメンバー国の首脳だけからでなく、米国の心ある有識者からも高く評価されている。外交の現場にいた私は、そうした反応を目の当たりにし、誇りに感じてきた。

地域の秩序作りという観点からは、2006年からの第一次政権時に続いて「自由で開かれたインド太平洋」を打ち出し、それを実現するためのツールとして2007年に発足したクアッド（日米豪印戦略対話）の効用を粘り強く主張し続けた。そして、遂には米国のみならず、豪州、インドの足並みをそろえさせたのも、安倍外交の最大の貢献の一つだった。

クアッドが成立する前にはいくつもの三カ国間（トライラテラル）の対話の枠組みが生

まれていた。日米韓などがその典型だ。クアッドの構成国の間でも、日米豪、日米印などの枠組みが既に存在していたが、唯一存在しなかった三カ国の組み合わせは米豪印だった。換言すれば、クアッドは日本がいわばグルー（のり）の役割を果たしたのであり、日本なくしては生まれ得なかったと言えるのである。

私が大使として駐在した豪州について言えば、第一次安倍政権の際には、「中国を刺激したくない」という理由でクアッドに背を向けた腰の引けた対応が顕著だった。実際、労働党のケビン・ラッド政権の外務大臣が、そうした言い訳を述べつつ、クアッドへの参加をやんわりと断ってきたこともある。そんな豪州が今や大きな柱となってクアッドを支えている。こうした展開を見るにつけ、戦略環境の変転と同時に、安倍外交の働きかけの成果が実感できる次第である。

一 対露外交の陥穽《かんせい》

このように国際情勢に対する鋭敏な感覚に富み、戦略的思考を重んじていた安倍政権であったからこそ、北方領土問題を巡るロシアとの交渉に当たってとった一連の対応は、一体何だったのかと思わざるを得ない。保守派を含めて多くの日本人識者から違和感と疑問をもって受け止められたのは当然だろう。

例えば、安倍外交を強く支持、応援してきた櫻井よしこ氏も、2016年12月に山口県長門市で行われた日露首脳会談について、「結論から言えば平和条約締結にも北方領土の帰属問題にも進展がないまま経済プロジェクトが先行した」とし、「私はこの首脳会談を評価できなかった」と喝破している（櫻井よしこ著「安倍晋三が生きた日本史」産経セレクト）。櫻井氏の感慨は保守派論客が共有するものだろう。

果たして、安倍総理の問題意識はどのようなものだったのか？

しばしば聞かされてきた通り、安倍政権としては「歯舞群島、色丹島、国後島、択捉島という四島返還の要求を続ける限り、北方領土問題は動かない」「島民の高齢化が進んでいるため、解決を急がなければならない」「日本は中露両国を相手にしなければならない戦略環境にあるところ、ロシアを中国側に押しやらない戦略を考える必要がある」というものだった。

その背景には、亡くなる間際まで北方領土交渉に心血を注いでいた父親の安倍晋太郎元外相譲りの北方領土問題に対する思い入れがあったことは間違いあるまい。加えて、保守派を代表する政治家たる自分こそが、ロシア側に譲歩をしたところで国内の反対を抑えて本件交渉をまとめられるとの自負があったことは、夙に指摘されてきたところだ。ここにこそ、危険が潜んでいたと言えよう。総理大臣自らが政権の重要課題と位置付け、プーチン大統領と何度も首脳会談を行い、個人的にも深く関わってきた課題であった。地元の長門にまでプーチン大統領を招待して膝詰めの交渉に努めたことは記憶に新しい。昨年11月、私は山口市と宇部市の双方を訪れ講演をしたが、安倍氏のかつての地元にあっても長門会談を評価する声が殆ど聞かれなかったことが印象的だった。

だが、安倍氏にとっては、このままでは北方領土は返ってこない、自分がプーチンと話してまずは二島返還させる、という意気込みは強く、そのための人参が「北方四島における共同経済活動」というゲームプランだった。その際のリスクは、あれだけ「日本固有の領土」と数十年間にわたって主張し続けてきた四島のうち、国後、択捉の二島は諦めるのか、共同経済活動はロシア側の四島に対する管轄権を認めることにならないか、果たして二島に絞ったところで返ってくるのか、ということだったはずだ。

国際常識との乖離

国政を預かる政治家として是が非でも長年の懸案解決に貢献したいとの志自体は理解できるし、一概に否定されるべきものではない。「その意気やよし」と評価されるべきであろう。鳩山由紀夫元総理のような特異な例外を除けば、日本の総理大臣の多くはアメリカの受けをよくしなければならないとの強迫観念に囚われ、これを外交上の最大の優先事項としがちだ。日米関係を固めた上で、中国、ロシア、北朝鮮など、いずれかとの関係でレガシー作りを追求する傾向がある。

そうしたレガシー作りの対象が安倍政権では北方領土交渉であり、岸田政権では北朝鮮との拉致問題解決であったと言えよう。ところが問題は、そうした企図が当時の時代状況、国際情勢に照らして、果たしてどれほどの実現可能性を持っていたのか、ということだ。そして、実現した場合に得られる利益とそのために支払わなければならない費用をどう捉えていたのか、ということなのである。

北方領土交渉とは、戦後80年近くにもわたって代々の政権が長らく苦闘してきた、国家

第二章 対ロシア どうする北方領土問題

にとって極めて大事な交渉である。この時点でまとめるということは、将来にわたって四島の法的地位を固定しかねないものである。そうである以上、そのプラス・マイナスと実現の成算を冷静かつ慎重に計算し、そこに至る道筋を描かなければならない。

実は、米英をはじめとする同志国の専門家の日露北方領土交渉に対する見立ては、非常に厳しいものだった。いずれの政府も安倍政権との関係を重んじ、かつ、北方領土問題の日本外交、日本の内政上の重要性を十分に理解していたからこそ、安倍政権によるプーチン大統領のロシアに対する働きかけを是が非でも止めることまではしなかった。特にアメリカは、1945年2月のヤルタ協定で、ソ連の対日参戦への人参として「千島列島がソヴィエト連邦に引き渡されること」をフランクリン・ルーズベルト大統領がスターリンに対して安直に約束したことによって、北方領土問題の萌芽を招いた「原罪」を負っている。故に、安倍政権の努力を云々し得る立場にはなかったと評することもできるだろう。

だが、そんなアメリカにあっても、交渉が上手くいくと観測していた者は誰もいなかった。「成功を祈る（グッド・ラック）」と外交辞令を述べてくるのが精々であり、冷ややかに見ていたと言って過言ではない。どんなに日本が頑張ったところで、現下の状況でプーチンのロシアとの間で領土問題が解決する見込みはないと見られていたのだ。

私も当時、米英の高官や外交、インテリジェンスの専門家と意見交換する機会がたびたびあったが、日露の領土交渉の見通しについては、端的に言えば「プーチンのロシアが戦争で取った領土を返すわけがない」であり、大多数が悲観的だった。ふだんは耳障りのいいことしか言わないシンガポールのような国にあっても、「何故日本政府は北方領土が交渉で返ってくるなどという幻想に囚われているのか」と指摘して憚らない大物外交官ＯＢもいたほどだ。

そして、「中露に楔を打ち込む」という理屈付けについては、「理屈は分かった。でも、果たしてそんなことができるのか？」との懐疑的な反応が大勢だった。

外務省の対応

このような地合の中で、外交交渉のプロたる日本外務省は果たしてどう対応したのか？それこそが問われるべき問題だ。匠の集団であるのなら、きちんと厳しい見通しを総理に伝え、自制、我慢、さらには翻意を促すことこそ、やらなければならなかったはずだ。往時を振り返ってみて、時の政権に嫌われても直言することを厭わない、そうした努力が決定的に欠けていたことは誰も否定できないだろう。

歴代の総理大臣の間では、北方領土交渉に対する熱意に個人差があったことは否めない事実だ。やる気がうかがえない総理もいただけに、事務当局としては「領土問題を解決できるのはプーチン大統領のみ」「大統領が決めればロシアの世論はついてくる」「領土交渉は、大統領と直接交渉して初めて動くべき」(丹波實《たんばみのる》元ロシア大使の著書「日露外交秘話」より)という見立てを歴代総理に刷り込み続け、やる気にさせていった面がある。だからこそ、いったん総理が交渉にやる気になって機関車が走り始めてしまうと、止められる立場にはなかったとも言えよう。

第二次安倍政権時代にまず外務次官のポジションに就いたのは斎木昭隆氏だった。前任の河相周夫氏は外交官とは思えないレベルの英語しか操らなかったが、口八丁手八丁の便利屋でもあった。もともと思想的に親和性があった民主党政権に評価されて次官のポストに就いたと噂された人物だった。北米局長時代に集団的自衛権の行使が外務省内で議論された際に反対論を表明したような「左巻き」の思考回路でも有名な人物だった。

そんな河相氏が安倍政権に忌避されたのは自然な流れであり、代わって抜擢されたのが斎木氏だった。だが実態は、ジュネーブ代表部参事官時代に斎木氏を部下として使っていたかつての上司が「局長にさえならないだろうと思っていた」と嘆息していた程度の見識と戦略眼の持ち主であった。

北朝鮮による拉致問題で安倍氏に評価されたが故に次官に就任できたと省内外で評されてきた斎木氏。そんな斎木氏でも、諸手を挙げて北方領土交渉に賛同するのではなく、むしろ交渉への前のめり姿勢に対して慎重論を展開したと見られている。ただし、その際の反対理由は正面から正論を提起する骨太の議論ではなかったようだ。むしろ、外務官僚がしばしば使いたがるところの「米国の反応が心配だ。これでは米国との関係がもちませんん」という理屈に止まっていたとされる。しかし、結局は拉致問題自体への対応も相まって安倍総理とその側近の不興を買って遠ざけられ、次官ポストを最後に、その後大使を務めることさえなく退官していった。少なくとも、それが省内外の関係者の受け止め方だ。

事態をさらに複雑化させたのは、安倍政権で我が世の春とばかりに影響力を振るっていた経産省出身の官邸官僚だ。故・葛西敬之JR東海名誉会長が「君側の奸」と呼称していた連中。安倍総理の意向とばかりに領土交渉を推し進め、外務省の頭越しに在京ロシア大使と直にやり取りすることも辞さなかった。

そうした状況の中では、斎木氏の後に次官を務めた杉山晋輔氏、秋葉剛男氏、森健良氏といった外務官僚をはじめ、領土交渉に携わった外務省幹部が安倍政権の前のめり姿勢を諫めようと進言したなどという話は、ついぞ聞くことはなかった。腰の引けた御殿女中的な追従ぶりに対しては、ロシアンスクールをはじめ、領土交渉に従来から深く関わってきた外務省ＯＢからはたびたび強い懸念が表明されていた。総理に対して物申す夕食会が安倍総理の出席を得て総理官邸で開かれたこともあった。そうした動きがあったにもかかわらず、官邸主導の世の中で、しかも、長期安定政権にあっては、時の総理自らが強い決意で取り組んでいる交渉に対して待ったをかけるべく現役の幹部が物申せる雰囲気には到底なかった、それが当事者の偽らざる心境だったようだ。

一　領土交渉の経緯

だが、少し距離を置いて長い目で見てみれば、そもそも北方領土交渉には、関係者の苦労と涙にまみれた積年の歴史と経緯がある。

第二次大戦後に日ソの国交を回復したのが１９５６年の日ソ共同宣言だった。

そこには、「ソヴィエト社会主義共和国連邦は、日本国の要望にこたえかつ日本国の利益を考慮して、歯舞諸島及び色丹島を日本国に引き渡すことに同意する。ただし、これらの諸島は、日本国とソヴィエト社会主義共和国連邦との間の平和条約が締結された後に現実に引き渡されるものとする」との条項がある。

平和条約締結後の歯舞群島と色丹島の引き渡しを明記しているのである。日ソ共同宣言では、これら二島の返還にしか言及がないが、歴史を紐解けば、日本こそがロシアに先んじて北方領土を発見・調査し、19世紀初めには歯舞、色丹のみならず国後、択捉を含む北方四島の実効支配を確立し、19世紀半ばまでに、択捉島とウルップ島との間に両国の国境が成立していたという事実がある。具体的には、1855年に調印された日露通好条約第2条には、次の規定がある。「今より後日本国と魯西亜国との境『エトロプ島』と『ウルップ島』との間に在るへし『エトロプ』全島は日本に属し『ウルップ』全島夫より北の方『クリル』諸島は魯西亜に属す（後略）」。

その後、1875年に締結された「樺太千島交換条約」では、樺太全島がロシアに属することを認める一方で、千島列島中最北の「シュムシュ島」から前記の「ウルップ島」に至るまで18島の名前を明記しつつ、日本に譲ることを認めているのである。

すなわち、北方四島については常に日本の領土であり続けたのであり、一度たりとも他国の領土になったことがないのだ。まさに、「日本固有の領土」なのである。

こうした史実があるからこそ、歯舞諸島と色丹島の二島のみに言及している上記の条項を盛り込んだ日ソ共同宣言が作成された後であっても、東京宣言、クラスノヤルスク合意、川奈提案、イルクーツク声明等々、四島返還要求を貫くための苦労を重ねてきたのだ。それが戦後の日本外交の軌跡だった。まさに、一歩一歩地歩を回復し、不法に占拠された領土を取り返していく、そうした努力の積み重ねだったのだ。

１９５６年の共同宣言交渉時には、日本政府としてはシベリアに抑留されていた同胞の帰還、漁業交渉の妥結、国連加盟といった解決を迫られていた種々の急を要する課題があった。こうした諸課題の解決と国交正常化を急いだからこそ、共同宣言に「択捉島」「国後島」の文言を盛り込めなかったもののまとめに走ったことは、多くの識者が指摘してきた通りだ。換言すれば、日本側ははじめから四島一括返還の立場であったが、ソ連側が応じたのは歯舞、色丹の引き渡し提案であり、日本側は国後、択捉も要求したものの、結局物別れに終わった経緯がある。

であるが故に、その後、塗炭の苦しみと辛抱強い交渉を重ね、歯舞、色丹だけではなく、国後、択捉を含めた四島の帰属の問題が交渉のテーブルに乗っていることをロシア側に認めさせるまで押し返してきたのだ。

領土交渉の歴史を簡単に振り返ってみよう。

1956年の日ソ共同宣言締結後、ソ連政府は長らく日ソ間での領土問題の存在さえ、認めようとしなかった。漸く1973年の田中角栄総理との首脳会談の際、ブレジネフ書記長は田中総理に迫られて領土問題の存在を口頭で認めた。しかしながら、ソ連政府が領土問題の存在を文書で認めるのは、1991年の両政府間の共同声明を待たなければならなかった。

こうした日本側の長年にわたる息の長い粘り強い働きかけの結果として得られたのが、1993年10月、エリツィン大統領訪日の際に合意された東京宣言だ。

同宣言は、四島の名前を明記し、領土問題がこれら四島の帰属の問題であるとの位置付けを明記した画期的なものだ。

そして、「この問題（領土問題）を歴史的・法的事実に立脚し、両国の間で合意の上作成された諸文書及び法と正義の原則を基礎として解決することにより平和条約を早期に締結するよう交渉を継続し、もって両国間の関係を完全に正常化すべきことに合意する」とまで規定させたのだ。まさに、この規定こそは、日本固有の領土である北方四島が不法に占拠されているという「不正義」を解決する必要を明確に意識したものなのである。

二島返還の意味

ちなみに、二島返還で決着させることは、四分の二、すなわち50％のゲインでは決してないことを認識しておく必要がある。北方四島全体の面積は5000平方キロを超える。しかし、歯舞諸島と色丹島の面積は両者を合わせても350平方キロに過ぎない。四島全体の1割にも及ばないのだ。

外務省が国内広報用に2014年3月に作成した「北方領土」というパンフレットには、興味深い記述がある。

「択捉島は日本最大の離島でもあり、国後島は二番目に大きな離島です」

佐渡はもちろん、沖縄よりも大きいのだ。択捉、国後の意義がよく理解される記述だろう。そして、当時の外務省はそうした二島の重要性を十分に認識していたことを示してもいる。

面積だけの問題ではない。終戦時の人口を見ても、北方四島全体に1万7000人を超える日本人居住者がいた中で、国後、択捉にも合わせて1万人以上の日本人が暮らしていた。これらの人々が生まれ育った郷里からソ連兵によって武器をもって追われた不条理を正さなければならない話なのである。

加えて、ロシアの原潜が遊弋《ゆうよく》し米国本土をミサイルで狙える距離にあるオホーツク海。米ソ冷戦期にはソ連原潜の聖域と目されてきた水域だ。そのオホーツク海への出入口を扼《やく》する択捉、国後島の戦略的重要性は、火を見るよりも明らかだ。

むろん、領土交渉は相手があってのものだ。交渉担当者としては、日本の主張通り、四島がすべて返ってくるとのシナリオだけではなく、他のシナリオをも念頭に置きつつ頭の体操をしておくべきことは言を俟たない。同時に、「4」から始めて妥協点を探るのと、「2」で始めるのとでは、迫力も交渉上のポジションも全く変わってくることを踏まえなければならない。

実際、安倍政権の「柔軟な」までの交渉姿勢を見てとったロシアは、歯舞、色丹の二島についても、これは日本の主権を認めた上での「返還」ではなく、主権はロシアにあるという前提での「引き渡し」に過ぎないとの主張まで展開してきた。まさに、「二島返還」でさえ覚束なくなってしまっているのだ。

一 外務省の不作為と沈黙

長年日露関係の最前線に立ち、外交上のやり取りや経緯に通暁していた外務官僚こそが「総理、ちょっと待ってください。二島返還を急ぐことが本当に国益にかなうのでしょうか? 択捉と国後を見捨てていいのですか?」と声を上げるべき立場にあったのだ。実際、省内の心あるロシア専門家等からは、「何故ここまで一方的に譲歩しなければならないのか」「これまでの積み上げを水泡に帰すのか?」との声が上がっていた。

第二次安倍政権の後半期、特に2016年12月の長門会談をはじめ、日露交渉が本格化した際の外務省事務当局のライン、すなわち、事務次官、政務担当外務審議官、欧州局長のいずれもが国際法局(旧条約局)出身者だったことは特筆に値する。のみならず、同局で担当官だけでなく、首席事務官、課長どころか局長まで務めてきた者もいた。外務省にあって条約局は、国際法に通暁し法律的に筋を通すことで知られてきたエリート集団だ。地域担当の地域局が、目の前の相手国との関係を慮って政治的な妥協に走りがちなことを戒める役割を担ってきたのが条約局であった。

1972年の日中国交正常化当時、日本外務省条約局長であった高島益郎氏は、国際法と条約に従った正論を押し通したと言われる。そして、それが故に、時の周恩来中国総理から「法匪《ほうひ》」と呼ばれ、遂には「こういう有能な人物が欲しい」とまで言わしめたという、まことしやかな逸話が語り継がれてきた。

仮にそのような条約局のDNAが生きていたのであれば、日露領土交渉の展開は違ったものになっていたのではないか。彼らこそ、若い担当官時代から日露交渉に深く関わっており、四島返還という日本の従来の主張が歴史的にも国際法上も正当であることを省内外で繰り返し主張してきた面々だった。にもかかわらず、レガシー作りに勤しむ政治指導者に対して意見具申することが何故できなかったのか、というのは国民からすれば正当な問いかけだろう。

交渉に深く携わってきた省内幹部からは、「局長、外審、次官と上に行けば行くほど、安倍総理に話を合わせてしまう」とのぼやきを聞かされたこともある。そこには「法匪」の背骨も矜持もなかったのだろうか。領土問題こそは国益の根幹をなす問題であり、国家存立の根源だ。辞表を出してでも総理を諫めるような気概は過去のものとなってしまったのだろうか。

彼らが担当官の時に上司の条約局長であったのが、ロシアに対する冷徹な観察と厳しいアプローチで知られてきた故・丹波實元ロシア大使だった。前記の東京宣言を含め、着々と布石を打ち、歴史の不正義を正すべく四島返還で領土問題を解決すべく精魂を傾けてきた侍だった。数十年にわたって営々と築き上げてきた成果が一顧だにされることなく、1956年の共同宣言のラインにひきずり戻されてしまった領土交渉。どのような気持ちで後輩の交渉を見守っていたのだろうか？　泉下の丹波大使に聞いてみたい気がする。

そして、二島返還を確保するためのコストが、国後、択捉の「切り捨て」と並んで、日露の「共同経済活動」だった。海産物の共同増養殖、温室野菜栽培、島の特性に応じたツアーの開発、風力発電の導入、ごみの減容対策などがパイロット・プロジェクト候補として日露両政府間で合意され、早期実施、具体化に向けて協議が進められてきた。だが、こうした事業は、その内容にかんがみ、政府だけで推し進められるものでは到底なく、関連企業の協力が不可欠だ。ところが、共同経済活動を進めるべく「君側の奸」（前述）から参加を強く呼びかけられた日本企業の間にさえ、表面上は長期安定政権の要請を尊重しながらも、「実際のニーズや経済実現性がないものを、何故ここまで苦労してやらなければならないのか？」と訝り納得できないとする声が少なからずあったと聞く。腰が引けていた企業が多かったのは否定できない。

対露交渉を巡る、このような不作為と進言を躊躇う怯懦な姿勢こそが、日本外交の闇を象徴した例の一つのように思えるのである。

安倍政権後のロシアとの国家間の関係に目を転じれば、これ以上保守色の強い政権はないであろう安倍政権が、二島返還で構わないとのシグナルを送ってしまった以上、今後の政権が本来の四島返還要求に立ち戻ることは至難の業である。実際、その後の岸田政権も石破政権も、北方領土交渉については腫れ物に触るかの如くである。

ロシアに獲られた領土回復の難しさは、2014年にクリミア半島を失ったウクライナのその後の対応が如実に示している通りだ。2022年に二度目の侵攻に遭ったウクライナは、漸く戦って取り返そうとしているものの戦況は芳しくない。

翻って、戦争に負けて不法占拠された北方四島。現行憲法下の日本には、戦争に訴えて取り返す道はない。だからこそ返還を実現するためには、長い期間にわたっての忍耐と粘り強い交渉が必要なはずである。もともと百年単位の長期戦を覚悟した上でなければ、臨めない交渉なのだ。

こうした国際政治の現実や相場観、歴史の流れに通じている外務官僚こそが、プーチン大統領との交渉に前のめりになる安倍総理に「再考してください」と声を上げるべき立場にあったのである。後付けのタラレバ論と片付けてはならない。多くの国民が霞が関の官僚に期待してきた役割は、そこにあると信じるからである。

一 プーチンの対応の読み違え

本件の対応でもう一つ深刻な問題は、プーチン大統領が北方領土の返還を決断できる政治家だとの見立てに、情勢分析のプロであるはずの外務官僚が唯々諾々と乗ってしまったことだ。プーチン大統領は絶対君主的な唯一無二のリーダーというよりも、ロシアの旧態依然とした既得権益の集合体の上に乗ったリーダーというのが、ロシア観察者の総意であったはずだ。そのようなリーダーであるからこそ、自ら率先して不人気な決断をなし得る立場にはなく、むしろ、既得権益者に利益を分配し、支持層の喝采を浴びるようなナショナリスティックな対応に流れがちとの見立てが主流であった。私が外務省のインテリジェンス部門の局長ポスト（国際情報統括官）にあった時、情報、意見交換をする主要国のカウンターパートは異口同音にそうした見立てを表明していた。

こうした見立ては、国際情報統括官組織からはたびたび要路に上がっていたし、私も、外務次官、外務大臣、内閣官房副長官等に定例のブリーフをする際に一度ならず言及していた。従来はこうしたインテリジェンス・ブリーフは外務審議官には行っていなかったが、領土交渉に携わっていることに着目し、私の発意で外務審議官の森氏にもブリーフを綿密に行うようにした。森外務審議官がブリーフの結果をどう活用したかは定かでない。しかしながら、領土交渉に邁進する総理の耳には届かなかったか、届いていても重きを置かれなかったようである。

いずれにせよ、当時領土交渉に携わった外務省幹部は、「プーチンであれば決断できる」との楽観的観測に傾き、そこに期待をかけすぎてしまった。情勢分析を甚だしく間違えたと言われて致し方ないであろう。

もう一つの大きな失態は、中露の接近を日本がロシアと領土交渉を進めることによって予防できるなどという、大甘な見立てを生真面目に打ち出したことだ。米国主導の国際秩序に対する強い反発で自ずと結ばれがちなのが現在のモスクワと北京だ。結果的に、その後のウクライナ情勢、インド太平洋情勢の進展を通じてますます強まってきている中露の紐帯に対する浅薄な理解と甘い見通しを露呈することになった。

のみならず、「所詮、日本は米国の言いなりになる存在」と中露双方から見られてきた現実がある中で、日本がロシアと中国の間に楔を打ち込むことが果たして可能なのか、可能だとしても、そのために払わなければならなくなるのが共同経済活動のみならず、択捉、国後の放棄だとすれば、そのような莫大なコストは日本の国益に見合うのか？

従来からロシア側は、北方領土の返還に当たっては日米安保条約の廃棄、或いは返還後の北方領土への安保条約の不適用といったハードルを持ち出しては、日米同盟に楔を打ち込もうとの意図を隠してこなかった。こうした点についての冷徹な計算を欠いていたと言われても仕方がないだろう。

その後の展開を見れば、ロシアは北朝鮮との関係を深め、プーチン大統領の平壌訪問を経て、今や1万人を超える北朝鮮兵が対ウクライナ戦争に加担している状況だ。権威主義体制の連携は密になっているのだ。

一 政策の転換？

さらなる問題は、大甘な見立てに拠って、安倍外交の領土交渉のお先棒を担いで走り回っていた外務官僚幹部連中が、菅政権、岸田政権に交代した後にあっても全く自省することなく、のうのうと高位の職にとどまって事務を続けたことだ。典型例は、安倍政権末期に当時外務審議官としてロシアとの交渉の前面に立っていた森健良氏。安倍政権下の対ロシア外交に幻滅してNSC事務局長のポストを去ったと報じられてきた谷内正太郎氏などの恬淡とした態度とは、全く正反対の立ち回りだった。

その後、次官まで務めた森氏が、2023年夏、離任・退官の際に全省員に向かって行った挨拶の中でさらっと述べた言葉には、心ある多くの省員が絶句した。

「昨年2月にウクライナが侵略されました。それを予知していたというわけでは全くありませんけれども、その時日本はそれまでのロシア外交の大転換を急速に行って、ロシアを制裁し、そしてウクライナを支援する。G7と共にそうした国際的努力に参画するという決定をして以来、そうした外交を展開してきています。非常に困難な意思決定でありました。しかし、国際秩序の根幹を揺るがすようなこの事態は他人事ではないという判断で大転換をしたわけです」

あまりに淡々と述べたが故に、本人の状況認識と責任感の程度を物語って余りあったと言えるかもしれない。ウクライナ人が聞いていれば、欺瞞に満ちたご都合主義の自己正当化に聞こえたことだろう。

言うまでもなく、ロシアのウクライナ侵略は、なにも２０２２年２月に突如始まったわけではない。ウクライナ領土のクリミア半島に対する侵略は、既に２０１４年に発生していた。その前にはジョージアへの侵攻も発生している。だが、クリミア侵略を目の当たりにした日本外交は西側諸国による対露制裁に最低限度のお付き合いをしたものの、プーチンのロシアとの領土交渉にブレーキをかけることなく、共同経済活動を通じた二島返還の道を引き続き突き進もうとしたのだ。換言すれば、ロシアの実態を見知って戦略転換を促す機会は十分にあったのに、それを無視して進んだと言える。

対露外交は難しい局面を迎えている。今までの外交を続けていては、ロシアから足元を見られてしまうのは必至だ。今回のウクライナ戦争が起きなければ、安倍政権がもくろんでいた二島返還さえ実現することなく、「共同経済活動」という果実を奪われるだけで終わっていたかもしれない。

そんな最悪のシナリオに本来鍛え上げられたはずの職業外交官が加担していたのだから、これこそ日本外交の闇だろう。

今後の領土交渉

上記の考察を踏まえれば、日本がすべきは北方領土交渉のリセットしかあり得ない。プーチンのロシアとはどう交渉しようが片付くはずのない問題なのだという認識から始めるしかない。

では、いつどう片付くのか？

端的な答えは、ロシアが落ちぶれるまで辛抱強く待つしかない、というものだ。

実際、ソ連が崩壊した1990年代には領土交渉が進んだことは間違いない事実だ。1993年の東京宣言は最たるものだろう。1998年4月に行われた橋本龍太郎総理とエリツィン大統領との川奈会談こそは、領土問題の解決に一番近づいた瞬間であったというのが、日本側の多くの関係者の共通認識でもある。

かつては米国と覇を競う超大国であったものの、今や韓国と同程度の経済規模に縮小してきたロシアだ。ソ連崩壊後は人口規模でも1億4000万人程度であり、日本を若干上回るにとどまる。インテリの流出は止まらない。現在はウクライナ戦争の戦争景気に恵まれているものの、戦争後の揺り戻しはプーチン大統領ならずとも懸念されるところだろう。であるとすれば、いずれ必ずチャンスは来る、という気持ちを持ちつつ、臥薪嘗胆を期す他はない。かつて、日清戦争の後にロシアが主導した三国干渉の災禍に見舞われた大日本帝国は、臥薪嘗胆を誓った。今必要なのは令和版の臥薪嘗胆だ。

「リセット」を懸念するロシア側

むろん、かつては「四島一括返還」を要求していた日本が安倍政権の下で「二島」に後退していたことを一番喜んでいたのは、プーチンのロシアに違いない。そんな日本の立場の弱さを見越したからこそ、1956年の日ソ共同宣言で平和条約締結後の引き渡しを約束したはずの色丹、歯舞群島の「二島」についてさえロシアが戦争に勝って獲得したものであり、返還の余地などないと居直ってきたのだ。煮ても焼いても食えない交渉相手なのだ。

拙著『日本外交の劣化　再生への道』の中で、安倍政権下の領土交渉姿勢を批判し、四島返還を求める従来の交渉立場へのリセットを主張したが、おそらくこの点はロシアが一番気にしているところだろう。

昨年6月、ある経済団体で講演をしようと都心の団体本部に到着したところ、在京ロシア大使館の館員が私の講演を聴講したいと強硬に主張して居座って動かないとの相談を受けた。「会員企業対象の講演である」という理由で最後はしぶしぶ引き取ってもらったが、去り際には「これは差別だ」などという捨てぜりふを吐いて出ていったそうである。恐らくは、ロシア大使館所属ではあるが、もともとは情報機関出身者だろう。だが、外務省を去り政策立案の立場から離れた私のような一介の民間人の講演まで強引に聴講しようと画策する様子を見るにつけ、ロシア側が四島返還論を忌避しているだけでなく、そうした主張を展開している論者への圧力を強めようとしていると見て差し支えないだろう。

ロシアンスクールの問題

以上、安倍政権の対ロシア領土交渉を振り返って見てきたが、反省すべきは政策上の問題にとどまらない。

過去の交渉の経緯を踏まえずに、これを無視してまで解決に向けて突っ走ろうとした独りよがりの交渉姿勢の裏には、これを止められなかった役所、なかんずくロシア専門家集団であるはずのロシアンスクールの問題がある。チャイナスクールが中国に弱いことはしばしば指摘されてきた。ロシアンスクールは政治に弱いのだ。しかも、これは安倍政権時に始まった問題ではなかった。

伝統的には戦後、ロシアンスクールの主流は対ソ強硬論者であった。曽野明元西ドイツ大使は大御所の一人だった。私も駆け出しの外交官の頃、その謦咳《けいがい》に接し大いなる励ましをいただいた思い出を大事にしている。だが、そんな曽野大使の強硬姿勢を嫌ったソ連側は、アグレマン（外国大使の自国への赴任に対する同意）を出すことをしなかったため、ソ連大使ではなく西ドイツ大使に回らざるを得なかったと伝えられている。

かつて私が仕えた丹波實大使もいる。ソ連課長、ロシア大使を務めた丹波大使も「対ソ強硬派」として知られ、ソ連課長時代には「社会党のある親ソ派国会議員から「君は『ソ連課長』ではなくて『ソ連妨害課長』だ」とまで言われた」との逸話がある（丹波實「日露外交秘話」中央公論新社）くらいだ。

ところが、そうした対ソ強硬派が脈々と続いてきたロシアンスクールを揺るがしたのが、いわゆる「東郷事件」だった。東郷和彦元オランダ大使は、大東亜戦争開戦・敗戦時双方で外相を務めた祖父のみならず、駐米大使を父に持つサラブレッドの三世外交官だった。ロシアンスクールの王道を歩み、ロシア課長の後に、条約局長、欧州局長、オランダ大使等の要職を務めた。そうしたメインストリートを歩んだ人物が、なんと2002年に厳重訓戒処分を受けて外務省を去っていったきっかけがこの事件だった。

国会審議で当時の川口順子外務大臣から説明された理由は、

「鈴木宗男議員や特定の外務省職員の役割を過度に重視したため、省内のロシア関係専門家を事実上分断し、彼らの士気を低下させた。また、その過程で同僚や部下に対して外務省幹部としてふさわしくない言動があった、更に、対露外交の推進に係る省内の政策決定のラインを混乱させた」

というものであり、ひいては、外務公務員の信用を著しく失墜させたというものだった。

要は、特定の政治家に対する過度の配慮から、組織人としてあるまじき行動をし、組織の混乱を招いたという咎だった。ちなみに、上記の理由書に言及されている「特定の外務省職員」が佐藤優国際情報統括官組織主任分析官（その後、懲戒免職）を指しているのは外務省員の間では常識でもある。要は、鈴木宗男議員と同議員に心酔して懐刀の如く振舞った佐藤主任分析官とがタッグを組み、東郷氏を通じて対ロシア政策、人事に介入し、大きな悪影響を与えた事件だった。ところが、その後十余年を経ても彼らが隠然たる影響力を行使しており、安倍政権の二島返還論を先導したと指摘されている。これぞ日本外交の闇ではないだろうか。

その東郷氏を評して、ある大先輩がかつてこう評したことがある。

「東郷の間違いは、次官になるためには政治家の後ろ盾が必要だと思ったことだ。林貞行、野上義二など、政治家の後ろ盾などなくても次官になった人間もいるのだから」

仮に、そういう発想で特定の政治家に近づき、自身の立身出世を実現しようとした上、国策まで歪めたのであれば、まさに万死に値する。ロシアンスクールでは次官にまで出世することは極めて稀だ。東郷氏が鈴木議員や鈴木議員とのパイプ役を務めた佐藤主任分析官の役割を「過度に重視」したのは、出世に固執したと見られているのだ。何とも吏道に悖る話ではないだろうか。

関連してよく覚えていることがある。1997年に私が中国課首席事務官だった時、当時国会担当の総括審議官の任にあった東郷氏からせわしない声でしばしば電話がかかってきたものだ。

「○○先生が怒っているから、すぐ謝りに行け」

自身の立身出世のためかどうかは兎も角として、政治家相手に臆病なほどに過剰な配慮を欠かさない人物だった。こんな状態では、下で働く者からすれば役所の仕事に幻滅してしまうのは必至だったろう。実際、東郷ロシア課長時代のロシア課からは、課の主要プレーヤーたる任にあったロシアンスクールの若手が前途有為なキャリアを投げうって中途退職していった。

生かされない「東郷事件」の教訓

だが、外務省の悲劇は、このような事件が特定の一人の人物や特定の語学スクールだけで完結するわけではなく、今や拡大再生産されていることだ。上昇志向の強い人間が、役人としての政策実現という目的を超え、自己の立身出世を図る個人的目的のために有力政治家に擦り寄る図式は変わっていない。

それどころか、「政治主導」の世の中で強化されている感がある。

そんな空気があるからだろうか。最近の次官の中には若い役人時代から「政治家回り」を励行してきた、特定の政治家と親密な関係を築いてきたと見られている人間が少なくない。

官邸、自民党本部、外務省を担当し、そうした姿勢を目にしてきた政治記者、さらにはこれらの外務官僚の仕事上のカウンターパートであった他省庁の官僚たちは、こうした生態を冷徹に観察している。

彼らの間では、最近の歴代次官について、

「課長になるよりも前の若い時分から、なぜか経世会を熱心に回っていた」
「宴席で歓心を買うために、下品な芸でも何でもやる」
「総理相手に、『できなかったら首にしてください』などと、役人としては考えられない啖呵を切っていた」
「課長時代から、役所にいるよりも議員会館にいた時間の方が長かった」
「役所の同期や後輩には不機嫌、無愛想と見られているが、これと見た上司や政治家には子犬のようにじゃれつく」
「政治家相手のゴルフには喜んでついていく」

などという評が囁かれてきた。

役所で同僚や後輩には決して見せないような顔を特定の政治家には向けてきたのだろう

か。特段の昇進を遂げてきた背景には、少数の政治家の引きがあったのだろうか。かつて小渕恵三元総理や河野洋平氏に近かった外務官僚が安倍政権になると総理に尻尾を振った。周囲が鼻白むほどの変わり身の早さだ。政策や思想信条のつながりでなかったことは明白なのだ。

こうした点こそ、日本外交の未来を担う若手が目にしたり、耳にしたりすべきものではないだろう。だが、前記のような風評は若い省員にも伝わり、そして彼らの行動形態に影響を与えていくことになる。

こうした永田町、霞が関に伝えられている都市伝説の中で最も耳目を集めてきたのが、上記の「下品な芸」だ。財務省関係者の間では「ほたる」という名称で伝えられている。

週刊誌で繰り返し報じられてきた問題だが、下半身をはだけ、自身の肛門に点火した蠟燭を突き刺して四つん這いになって座敷を這いずり回る芸だとされる。絶句する他あるまい。こうした常人を唖然とさせる下劣なお座敷芸に興じていたと報じられてきた人物は、安倍政権下で外務次官に昇進した。こんな状態では、「二島引き渡し」ならぬ、択捉、国後「二島明け渡し」を外務省が止められなかったのも、「むべなるかな」ではないだろうか。

ウクライナ戦争が持つ意味

北方領土交渉が当面は仕切り直す他はないという認識に立てば、ロシアとの関係で心を砕くべき問題は、どういう形でウクライナ戦争を終結にもっていくかだろう。

岸田前総理が繰り返し公の場でも述べてきた通り、「今日のウクライナは明日の東アジア」であり、欧州の安全保障環境と東アジアのそれとは相互に関連しており、分離して論じることは不可能であるからだ。

にもかかわらず、「自分が大統領になればウクライナ戦争は直ちに終わらせることができる」と大言壮語してきたドナルド・トランプが大統領選挙の過程で優勢に転じるや、一部の外務省ＯＢを中心に出てきた議論は、ウクライナに早く戦争を終わらせて停戦合意を飲ませようという主張だった。現実主義者を気取る外務官僚が得てして惹かれやすい議論だ。だが、よく見ると、単に「長い物には巻かれろ」式の議論に他ならない。

実際、こんな議論を聞かされたウクライナ政府高官は、ロシアのお先棒を担ぐこれらの連中を「使い勝手のいいおバカ」（useful fool）と称して軽侮の念を隠さなかった。

まずもって銘記すべきは、プーチン大統領のロシアがウクライナの主権国家としての存在を認めず、これを国際社会から抹消しようとし続ける限り、ウクライナには闘う以外の選択肢はないということだ。万が一、アメリカからの支援が十分に得られなくなろうとも、継戦の意志は固いのだ。加えて、ロシアの侵略に抗するウクライナ戦争を「自分たちの戦争」と捉えてこれを支援している近隣のバルト三国、中東欧・北欧諸国の存在を考慮する必要がある。ウクライナがロシアの軍門に下る場合、プーチンの野望がウクライナだけにとどまることはなく、「次は自分たちだ」として警戒する国々があるのだ。

第二に、ウクライナ戦争の帰結は台湾海峡を巡る中国の動き、朝鮮半島における北朝鮮の動きに大きな影響を与えることを念頭に置かなければなるまい。プーチンによる侵略が是認され、ロシアが大きなコストを払うことなく侵略の「成果」を手中に収めるようなことになれば、こうした展開が習近平国家主席や金正恩総書記による危険な冒険主義を助長しかねないという問題である。台湾の人心に与える影響も心配だ。

これらの二点を踏まえれば、日本の外交関係者が薄っぺらい平和人道主義から軽々に停戦を唱えることの底の浅さが理解できよう。自国の存立をかけて戦っている国がウクライナなのだ。各国の支援を得つつ戦場で盛り返さないといけないのだ。トランプ大統領がロシアに余りにも配慮した停戦案を提示しないよう戒めることが石破総理に期待されている。プーチンとしても、戦況が有利に展開している限り、停戦を受け入れる余地は殆どないだろう。NATO加盟の途を潰すだけでなく、ウクライナという主権国家を潰すべく攻勢に出ることは想像に難くない。

一　北朝鮮への揺さぶり

日本として懸念すべきもう一つの重大な進展は、ロシアとの「包括的な戦略的パートナーシップ」を事実上の同盟として喧伝して止まない北朝鮮が、武器・弾薬面でロシア支援を続けているだけでなく、1万人を超える兵力をこの戦争に投入したことである。不足していた実戦経験を積ませるだけでなく、ロシアから高度の軍事技術を得る、さらには朝鮮半島有事の際にロシアから軍事支援を受けるための布石であると見受けられる。

同時に、北朝鮮兵から見れば自分たちにとって何ら切実でない戦争に参戦させられて落命する、或いは捕虜となることに対して、抑えがたい躊躇、強い反発があることも想像に難くない。であれば、日本はウクライナや韓国と連携して、戦場や銃後の北朝鮮兵、さらには捕虜として確保された北朝鮮兵への啓蒙教化、働きかけを倍加すべきだろう。

今まで極端に閉鎖的な社会で暮らしてきた北朝鮮の兵士たちがロシアやウクライナの現況を見て何を感じ、何を持ち帰るのかは興味が尽きない。思い返せば、第一次大戦での厭戦気分がロシア革命の一つの底流となったことは歴史が教えてくれるところだ。ウクライナ戦争がウクライナ、ロシアといった交戦国の将来に大きな影響を及ぼすことは当然として、北朝鮮についてもパラダイム・シフトを招来し得ることを十分に認識し、この機会を最大限活用すべきだろう。

権威主義的体制がある日突然、瓦解し得ることは我々がしばしば経験してきたところだ。ベルリンの壁の崩壊もそうだったし、ルーマニアのチャウシェスク政権の転落もそうだった。プーチンのロシア、金正恩の北朝鮮が未来永劫盤石な保証はどこにもないのだ。

露朝「同盟」の日本にとっての意味

その一方で、ロシアと北朝鮮が軍事的な連携をここまで深めることとなった事態が日本の安全保障にとってもたらす意味合いには、鋭敏な危機感が必要だ。

第二章　対ロシア　どうする北方領土問題

２０２２年12月に策定された国家安全保障戦略においては、「北朝鮮の軍事動向は、我が国の安全保障にとって、従前よりも一層重大かつ差し迫った脅威となっている」とし、「我が国を含むインド太平洋地域におけるロシアの対外的な活動、軍事動向等は中国との戦略的な連携と相まって、安全保障上の強い懸念である」と分析しているものの、これは露朝の連携が打ち出される前の話だ。中露の戦略的な連携にとどまらずに露朝の連携もできたことは、日本の安全保障環境をさらに厳しいものにしている。

中国が台湾海峡でアクションを起こす場合には、こうした露朝の動きも連動して起きる可能性を十分に念頭に置いておかなければならない。まさに未曽有の国難に直面している時代なのだ。

第四章

「弱腰外務省」の実態

「不倫の外務」と呼ばれる実態

40年前、就活で外務省の門を叩いた頃、先輩方から穏当でない話を聞かされた。

「自殺の大蔵（今の財務省）、不倫の外務、汚職の通産（経産省）」

学生心には、そんな中で外務省が一番魅力的に見え、迷うことなく入省を決めた（笑）。

確かに、地味な灰色の霞が関にあっては、外務省は華やかな職場として知られてきた。かつてテリー伊藤氏が著した「お笑い外務省機密情報」（飛鳥新社）で面白おかしく記されていたが、大体、その通りだ。「お洒落で魅力的な女性が多い」とは、他の省庁から出向してきた人たちが異口同音に漏らす感想だ。実際、出向中に外務省職員の女性と恋に落ちてゴールインする人も少なからずいる。

また、外交が本当は地味で粘り強い取り組みが必要な仕事なのに、一見、華やかに見えるせいだろうか？

外務省職員はモテる。入省1年生の時に、恥ずかしながらある女性雑誌に出る機会があったが、その後、実際にそうした一面を体験したのはいい思い出だ。

課長時代、他省庁と迷った学生と面談した際、「何を迷っているのか？　外務省に来ればコンに来る女性のレベルが違うぞ」と囁くと、大抵の男子学生はうれしそうに頷いて外務省に来てくれたものだ（笑）。

そんな柔な雰囲気が漲っているものだから、「不倫の」という形容詞には、むべなるかなの感がある。実際、狭い役所の外に出て勝負できないような不逞の輩が、上司部下、先輩後輩といった「特別権力関係」を笠に着て、エレベーター内で抱き着く、執拗に食事に誘うといったケースは引きも切らない。もっとたちがよくないのは、他の組織からやってくる連中の中に、「不倫の」組織にいる間に甘い汁を吸っておこうとばかり、悪さを働く連中がいることだ。ジュネーブ代表部時代には、そんな事例を嫌というほど見せられた。

だから、課長になってからは、部下や後輩に訓辞を垂れたり、アドバイスを求められるたびに、「外で勝負しろ」「口説いてみろ」と説諭したものである。そのせいではないだろうが、かつては機内でＣＡを口説こうとする猛者がひしめいていた。内向きでない勢いがあった時代でもあった。

だが、深刻な話がある。結婚生活が長続きしないのだ。これは「不倫」というよりも、外交官の仕事の特殊性からくるようだ。慣れない外国での暮らしや社交は、国内での公務員生活とは180度異なる。配偶者側がそうした環境に順応できずに結婚生活が不幸な結末を迎えた例は枚挙にいとまがない。

1984年に入省した私の同期の間では、25人中、半分以上が離婚経験者だ。かく言う私もその1人だ。

離婚に至らずとも、外交官として大使など大輪の花を咲かせる時期を迎えても、在外の任地に同行しない例が増えている。外交は1人ではドアが開かず、夫婦そろって初めてドアが開くことが多いのが常道であるにもかかわらず、誠にもって残念な事態だ。

先日、ワシントンに出張したところ、大使も次席も単身赴任だと聞かされた。日本外交は大丈夫なのだろうか?

（2024年6月17日）

外交の目からダメ出しする岸田前総理の服センス

2024年4月の米国議会での岸田文雄総理（当時）の演説は、私も興味深く聞いた。その内容や演説のやり方もさることながら、服装やネクタイを見るにつけ、誰かプロがアドバイスできなかったのだろうかと慨嘆した人がいたとしても驚かない。

第四章 「弱腰外務省」の実態

振り返ってみると、国際場裡で「位負けしない」見栄えを誇った日本の総理は、残念ながら極めて少ない。40年間外務省にいて歴代の総理を支えたが、中曽根康弘氏、安倍晋三氏くらいであったように思う。なぜか？　単純な話だ。体格がよく、仕立ての良いスーツを着ていただけでなく、背筋をピンと伸ばして姿勢がよかったからだ。かつて外国からの賓客を迎えるたびにおどおどし、視線が宙を泳ぐ総理もいたが、そんな情けない仕草とは無縁だった。

外交や国際政治の世界では、語られる言葉も大事だが、しばしば「見てくれ」の方が注目されがちなのは世の常だ。かつて国連ＰＫＯ法案審議がたけなわの頃、安定した答弁で知られた私の上司の条約局長が、テレビで答弁を聞いていた女性から、答弁の内容ではなくネクタイを誉められたと当惑していたことを思い出す。

私自身も駐豪大使時代、かつてロンドンで仕立てたスーツを着て外交行事に臨んだ際、目ざとい元豪州首相や大使仲間から、「サヴィル・ロー（洋服仕立て屋が並ぶ通りの名前）だな」と言われたことを覚えている。見る人は見ているのだ。

そうした「プロの目」で見た時、岸田演説はどうだったか？　改善点が少なくなかったように思う。

まず、姿勢だ。猫背に加え、ガニ股で肩をゆすりながら歩く仕草は一国のリーダーにふさわしいとは言えまい。のみならず、服装は麻生太郎氏、安倍氏のようなセンスを感じさせるものではなかった。オーダーメイドのスーツのスラックスの裾に鉛の弾を入れ、常に美しいシルエットを演出しているといわれる麻生氏ほど凝るのは常人には無理だろう。それにしても、米国議会での演説は、日本国総理にとっては10年に一度の大勝負だ。もっと背伸びしてよかったように思う。

より首を傾げたのは、ネクタイだ。レジメンタル（斜め縞）のタイが好きなのは分かる。でも、なぜあの機会にそういう選択をしたのか？

日本では、かつて流行ったアイビー・ファッションの残滓《ざんし》で今なお根強いファンを持つ柄なのは分かっている。だが、もともとは英国の軍人や学生が身内の団結を強調する時のタイだった。早稲田ＯＢが秩父宮ラグビー場で母校を応援する際に、赤と黒の縞のタイを締めるのなら分かる。だが、日本国総理大臣が米国議会で所見を訴える際、なぜ、右肩上がりの英国式レジメンタルなのか？

たかが服装、されど服装。コロナ禍で加速された服装のカジュアル化がいきわたった日本。問題は、外に出た際に、こうした目が光っていることなど思いも至らずに、よかれと思って我流を貫いていることと言ったら、厳しすぎるだろうか？
でも、一国の総理には細心の配慮を求めたいと思う。

（2024年6月24日）

第四章 「弱腰外務省」の実態

一 「大使公邸料理人」の私的利用

古来、外交と食は切り離せない関係にある。遠来の客と会談するだけでなく、酒食を共にしながら打ち解けた雰囲気で意見交換し、信頼関係を醸成していくことは人の世の習わしでもある。国際社会での日本の地位を引き上げた安倍政権時代の外交努力。その中で一頭地を抜いていたのは、総理官邸での首脳会談にとどまらずに、大国小国の如何を問わず昼食や夕食を提供してきめ細かいおもてなしに努めていた姿である。

在外の大使も同じことだ。任国の主要政治家、高官、財界人、オピニオン・リーダーなどを大使公邸に招き、壁耳・障子目がない世界でじっくり懇談する。外のレストランに招くのとは次元が異なる接待となるのだ。

しかも、今や空前の和食ブームだ。駐豪大使時代の経験でも、公邸に招いて和食を振舞った際の効果は実に絶大なものがあった。幸いにして、日本の在外公館には、大使・総領事公邸の料理人を経費の一定割合を公費で負担して派遣する料理人制度がある。他国の外交官から見て羨望の的の優れた制度だ。

幸運にも、私の場合は渋谷のセルリアンタワー東急ホテルから新進気鋭の小形禎之料理人を派遣してもらうことができた。もともとはフレンチ専門だが、そこは名だたる大手ホテル出身。豪州赴任までに親元で天ぷらを揚げ、すしを握る特訓を受けて着任。キャンベラの小さな町で瞬く間に評判が広がり、歴代首相、現役閣僚らがこぞって日本大使公邸に来てくれるようになった。6人ほどしか座れない公邸内の天ぷらカウンターも存分に活用した。

笑ってしまったのは、オーストラリア政府の閣議の際の雑談で、同僚閣僚から「今度の日本大使の料理人の食事を食べたか？　凄いぞ」と聞かされた女性閣僚が私の秘書に電話してきて、「ぜひ呼んでくれ」と頼み込んできたこと。もちろん、即断でOK。実に和やかな懇談ができた。

このように、大使公邸での設宴の甚大な効果を自ら痛感しただけに、心配なことが二つある。

一つは、せっかくプロの料理人を帯同しながら、実のある成果を上げるような頻度で公邸設宴を行っているのかという問題だ。一応、外務省では週に2回、月に8回というスタンダードを設定しているが、私から言わせれば、それでは少ない。週にランチ2回、ディナー2回はやるべきだし、やれるはずだ。だが、このような低いスタンダードでさえ守れない大使や総領事がいる。公費による助成を得て料理人を連れて行っておきながら、もったいない話だ。

もう一つは、料理人の士気の維持だ。料理人は、「大使公邸料理人」であって、「大使の料理人」ではない。にもかかわらず、公務としての会食だけでなく、私的な食事を作らされる例が絶えない。私はプロの料理人の負担と矜持にも配慮し、決してプライベートの食事を作ってもらうことはしなかった。だが、会食よりも私的食事の準備が主となっている料理人が散見される。「内向きな外務省」を象徴する話ではないだろうか?

（2024年7月1日）

すぐに涙する外交官の〝ズレ〟

緑豊かな多摩丘陵に抱擁されるように育った。1960年代後半のある日。都心からの転入組であった私は、開発の波が押し寄せながらも田畑や小川に囲まれていた平和で静謐《せいひつ》な多摩市立第三小学校を震撼させる事件を起こしてしまった。

小学3年生の私は、6年生の姉と同学年の悪ガキから受けた心無い嘲《あざけ》りといじめに反発し、なんと乾坤一擲、渾身の蹴りをリーダー格の6年生男子に見舞ったのだ。だが、悪友どもを募って取り囲みに来た上級生から逃れた私は、男子トイレに避難、中から施錠して籠城に入った。子供心に無限に近い長時間が経過した後、保健の水野先生という優しい女教師の説得に応じ、漸くトイレから出ることにしたのだった。

だが、本当のレッスンはそれからだった。涙ながらにドアを開けて「投降」した私に対し、水野先生は保健室で優しく介抱してくれながらも、毅然とかつ明確に諭した。

「信ちゃん、どんな時にも泣いては駄目」

そんな鮮烈な原体験を有するだけに、駐豪大使在任中に、3回にもわたって眼前で大の大人に泣かれた経験は驚きだった。

週末に同僚と飲み明かしていたにもかかわらず、月曜日に欠勤した女性外交官を注意した際。自衛隊記念日に旭日旗を掲揚することに本腰を入れて取り組んでいるようには見受けられなかった男性外交官に積極的な対応を促した際。大使公邸のワインセラーに保管されていたウイスキーを私的に流用した嫌疑がかけられていた現地職員に注意喚起した際。いずれも会話の最中に面前でオイオイと泣かれた。40代や50代の成人がオフィスの中で涙を流すこと自体が自分にとっては想定外であっただけに、新鮮な驚きと共に鮮明に覚えている。これが時代の変遷なのか、とも感じだ。

同時に、外交の職にある責任ある人間が流すべき涙とは、そんなものであってはならないと思っている。

北朝鮮による拉致の実態を知り、拉致被害者・家族の塗炭の心労に思いを致した時、中国官憲による拘束措置の被害者となり、人道上耐え難い取り調べと身体の拘束に長期間応じざるを得ない在留邦人の苦痛と絶望を思った時こそ、心の中で河のように涙してほしいと思う。

多くの外務省員に全くと言って足りないのが、こうした他者への思いやり、ＥＱなのだと確信して止まない。

青い拉致バッジを背広のラペルに付けて連帯を示すだけでは到底不十分だ。拘束中の在留邦人を心身共に支援すべく、大使以下の在中国の外交官が「領事面会」に駆け付けるべきは言を俟たない。

戦後、幾星霜《いくせいそう》。歯の浮くような平和主義、国際協調主義のお経に代わって、漸く「国益を守る」と胸を張って言えるようになったのは前進だ。だが、その「国益」とは何か？日の丸を背負って、日本人の生命、身体、財産を守る。それこそが日本外交の一丁目一番地の最重要課題である。外務大臣以下の外務省員全員が今一度、胸に刻み込むべきではないだろうか。

（２０２４年8月5日）

充実した研修制度の必要性

現在顧問を務めている、六本木ヒルズにあるＴＭＩ総合法律事務所の京都での所外研修に参加した。弁護士の数だけで間もなく６００名を超える日本トップクラスの法律事務所だ。外務省のキャリア組（かつての上級職、今の総合職）が８００名前後であることに照らせば、ブレイン（頭脳）パワーでは霞が関の主要省庁に匹敵するだけの力を備えているのだ。新たに入所してきた76期の新進気鋭の弁護士30余名に対する研修のあり方を目の当たりにして圧倒された。

極め付きはロール・プレイングだった。並み居る大先輩、先輩のパートナー弁護士や顧

第四章 「弱腰外務省」の実態

問を前にして、新入りの弁護士がクライアント（顧客）の相談を受けるとの設定。弁護士役の新人弁護士２名とクライアント役の先輩弁護士２名との間での30分近くにわたるやり取りを20名近くの大先輩、同僚らが観察し、事後に講評するのだ。

まず強く印象に残ったのは、76期の弁護士の行き届いた準備だった。六本木ヒルズのオフィスでの通常激務の合間を縫って事前に渡された課題を調べ上げ、過去の判例まできちんと押さえていた者が少なからずいたことには感心した。

だが、もっと驚いたのは、わざわざ研修に参加するために、多忙を極める業務を措いて京都まで赴いた先輩弁護士たちの熱意だった。30余名の「生徒」に対して、「先生」役の先輩弁護士等は40名を上回った。さらに、私を驚かせ喜ばせたのは講評の厳しさだった。もちろん皆、弁護士だ。「ブラック」だの「パワハラ」だのと言わせないよう、まずは誉めて持ち上げるのはお手のものだ（笑）。だが、そのあとに来る発言は、「声が小さい」「元気がない」「クライアントに寄り添う姿勢が感じられない」「質問するばかりで検事か裁判官のようだ」などなど。

翌朝に妙心寺で座禅をし、自らの来し方行く末を見つめる稀有な機会を与えられた新人弁護士たちが異口同音に漏らしていた感想は、「これほどまでに貴重な機会を与えてもらいありがたい」というものだった。

翻って、外務省ではとてもここまでのキメ細かな研修はできていなかった。

私が大使として豪州に赴任する前に外務本省で2日間にわたって受けた在外公館長研修には、当時の次官も官房長も一度も顔を出さなかった。そもそも大使経験さえ有していなかったから説諭すべき内容を持たなかったこともあるのだろう。だが、それよりも、単純に多忙を言い訳に研修への無関心を正当化していたように思う。

しばしば本省から在外公館に伝えられる指示が「セクハラ、パワハラに気を付けましょう」というレベルにとどまる今の外務省にあっては、外国との交渉や抗議・申し入れをどう進めるかといったロール・プレイングをやろうなどという発想もわかないのかもしれない。だが、そのツケは確実に回ってきている。

ミサイルを自国の排他的経済水域に撃ち込まれようが、10歳の同胞児童をメッタ刺しにされ惨殺されようが、相手国の大使を呼びつけて厳正に申し入れをすることさえできない外交官が日本では育ってしまうのだ。のみならず、拙い英語や我流のテーブル・マナーを人前で披露しては、心ある在留邦人の多くから「あの人あれでも外交官?」という指摘を招いてしまう。世も末だ。

小さな井戸で泳いでいる限りにおいて、井戸の遥か彼方に展開している大海が見えない。今の外務官僚がそんな愚を重ねている感を新たにしながら、京の都を後にした。

（２０２４年10月28日）

第四章 「弱腰外務省」の実態

一 ＴＰＯに対応できない外務省の服装カジュアル化

六本木ヒルズのエレベーターに乗るたびに、時代と風俗の移り変わりを実感する。

大都会東京を代表するオフィス・ビルと喧伝されて開業したのが２００３年。その後20年余りが経ったが、何層もの地下駐車場に毎日大挙して駐車している外車はバブリーこの上ない。「失われた（?）数十年」など、ここでは無縁であるかの如くだ。

そんな瀟洒《しょうしゃ》なビルと実に好対照なのが、エレベーターで乗り合わせる通勤人の服装のカジュアルぶり。デイ・パックを両肩に担ぎ、Ｔシャツにスウェット地のだぶだぶパンツ、靴はスニーカーといういで立ちさえ、少なくない。昭和人から見れば、高尾山登山にこそふさわしい格好だ。高層ビルでは山と同様に酸素が薄いからか？（笑）

「六本木ヒルズでネクタイを締めている男がいれば、ＴＭＩと思え」とは言い得て妙だ。

こんな時代のせいだろうか？　外務省でもカジュアル化は進み、それを容認し、さらには迎合する上司は引きも切らない。クールビズという大義名分を得て、ノータイはおろか、ポロシャツやチノパンでの出勤も珍しくなくなった。

だが、外交はベンチャーやＩＴ企業とは違う。相手国があるし、相手国と育んできた信用がある。ＴＰＯに応じた着こなしが大事でもある。だから、「古い」とけなされようが、いつまでも言い続けようと思っている。「コンサバに決めろ」と。

一番の問題は、ＴＰＯに応じた着こなしができないままに極端にカジュアル化が進んだ結果、自宅にいるのか人前に出ているのかが分からないような服装が蔓延し、ひいてはドレス・アップしなければならない時に対応できないケースが増えているのではないか？

外交こそは、ＴＰＯに一番敏感でなければならない仕事だろう。

各国の大使が皇居で天皇陛下に信任状を奉呈する際は、モーニング・コートか民族衣装がルールだ。ブラックタイ・ディナーに、長いネクタイを締めてビジネス・スーツで臨めば、浮いてしまうのは必至だ。アメリカ大統領が議会で予算教書を読み上げる際は、紺色系統のダークスーツ、白シャツ、赤色系統のネクタイ、黒短靴は定番だ。

衆議院事務局では、職員が国会に出向く際には、ダークスーツ、白シャツ、黒靴と教え

第四章 「弱腰外務省」の実態

込むそうだ。外務省こそ、そうした基本的な教育が必要ではないだろうか？

40年ほど前の外務省入省当時のことだった。霞が関の庁舎に一歩足を踏み入れた途端、日本人であるにもかかわらず、靴を履いたままの短い脚を無理してオフィスの自分の机の上に載せ、書類を読んでいる先輩たちを目の当たりにし、驚きと嫌悪感を覚えた。こういう輩に限って、月曜の朝から柄物のシャツを着て、茶靴を履いていたりしたものだ。上っ面だけを猿真似した鹿鳴館時代の西洋かぶれを引きずった醜態に思えた。

今や、それが国会や霞が関の他省庁にも広がっている感がする。

だから、六本木ヒルズのエレベーターの中でもネクタイを常用しているような法律事務所の存在は新鮮であり、貴重だと感じている。


（2024年8月19日）

なぜ外務官僚は〝一対一〟の闘いに弱いのか

「一対一の闘いに弱い」

長らく日本サッカーについて言われてきた問題だ。しかし、侍たちは進化した。久保建英は巧みにフェイントをかけて相手を見事に抜くし、三笘薫の高速ドリブルはプレミアリーグでもなかなか止められない。

サッカーだけでない。スピード、敏捷性と技術で大リーグでも金字塔を打ち立てたイチロー。大谷翔平のパワーは、力自慢の大リーガーの中でも異次元だ。今永昇太のキレ味鋭いストレートに猛者たちのバットは空を切る。

ゴルフ、テニス、バレーボール、バスケット、ラグビーでも、世界を舞台に日本人選手が顕著な活躍をしている。しかし、外交官については、海外でスピーチをするたび、さらにはテレビの討論番組に出るたびに、在留邦人からしばしば指摘が寄せられる。

「あの人、本当に外交官？」

なぜか？　一つは、日本の教育制度の問題がある。

スピーチや討論（ディベート）に力点を置かないどころか、まず訓練さえ施されない。初等・中等教育どころか、高等教育に至っても、教師から生徒への一方通行の授業が殆どだ。人前での口頭プレゼンテーション（発表）を磨く機会は、ほぼ皆無。教える側にその経験も才覚もない。

私自身、中央大学法学部や東京大学公共政策大学院で非常勤講師を務めたが、シャイなあまり、授業中の質問でさえ人前で提起することを躊躇し、終了後に私を捕まえて尋ねる学生が少なからずいた。

そんな教育環境で育ってきた身には、米国コロンビア大学大学院での留学経験は新鮮だった。学生が次々に手を上げて質問するのは常態。生半可な知識でもったいぶってプレゼンする学生にも事欠かなかった。沈黙を維持する場合、愚か者扱いを覚悟しなければならない。だから、下手な英語を駆使しつつ、必死になって質問をする、意見を言う習慣が身についた。

であれば、国民の税金で入省後まもなく在外研修（留学）をさせてもらい、その後、何度も海外勤務を重ねる外務官僚がスピーチやディベートに長じてくるのは当たり前でないのか？　多くの納税者はそう思うだろうし、そう期待してしかるべきだろう。

だが、実態はそうなっていない。なぜか？　外に出るのを避け、内に籠ってばかりいるからだ。ここでいう「外」には、海外勤務と大使館の外という、二つの意味がある。

霞が関、永田町という直径2キロくらいの世界の中での遊泳術に長けた人間が幹部に出世し、在外に行くのはそれに敗れた人間とのステレオタイプが定着してきた。そうなると、上昇志向の塊のような人間は在外勤務を忌避し、東京にしがみつく。次官になるような人間が大使どころか、大使館の次席（ナンバー2）ポストを一つとして務めずに退官していく事例が増えている。

加えて、在外公館に勤務したところで、オフィスに籠りきりになり、任国の政府関係者との意見交換、メディア・インタビュー、シンクタンクでの討論に精を出す者が激減している。これでは、スピーチやディベートの腕が上がるわけがなかろう。

要は、世界を相手に勝負する。これに限る。同世代のスポーツ選手にできることが、なぜ外務官僚にできないのか？　職務怠慢であり、税金泥棒である。（2024年9月9日）

外務省に蔓延る二世・三世に求めるケジメ

あれは血気盛んで青年将校と呼ばれた30代前半の頃だった。

金曜日の夕方、日米経済交渉に向けた北米二課作成の対処方針案が条約課に持ち込まれた。「ああこれで、飲み会には行けないな」と諦めて決裁書に取り組んだ。前例を踏まえつつ縦横斜めと子細に精査、テニオハまで赤字を入れた。気付いたら午前2時近く。「これなら小松一郎条約課長（後の内閣法制局長官・故人）をクリアできるだろう」と思って、いったん北米二課に決裁書を戻してチェックさせようと思ったら、明かりは消え、もぬけの殻。

携帯電話などない時代だ。息巻いた私が担当官の自宅に電話したところ、「はい」と電話に出たのは、父親であった当時のO次官。冷や汗をかきながら「M子さんが帰宅されたら何時でもよいので電話をいただけますでしょうか」とのみ伝えた。

こんな話は枚挙にいとまがない。外務省には二世、三世がそこここにいるからだ。

むろん、裨益《ひえき》するところは大だ。幼少期から海外生活や外国語に習熟し、外国人相手にひるまない。外交官としての素質に恵まれた者が多いのは確かだ。

他方、社員の子弟は絶対に採用しないという方針の大企業や、親が人事に関わっている時は子弟の採用を控えるとの一線を引いてきた主要省庁などからは、外務省は「公私」の線引きが甘いのでは、との指摘を絶えず受けてきた。

実際、組織の中に身を置いてみてくると、「李下に冠を正さず」とは程遠い実態が浮かび上がる。

「Aは、自分の息子が採用されなかったので人事当局を恨んでいる」

「B元次官は、後任次官に対し、自分の配偶者の昇進を働きかけた」

などといった、聞きたくもない話が満ち溢れている。「縁故は効くのだ」と周囲に思わせてしまう空気がある。今の次官の子息も、親と同じ役所で同じ分野を歩んでいる。

ある国際裁判でのこと。日本政府を代表した口頭弁論の最終局面で、父親の功績に言及した二世外交官がいたことは、国際法専門家の間では知る人ぞ知る話だ。「お父さん、私もやりました」とばかりに締めくくり、そして、訴訟に負けた。病巣の深さが分かる話ではないだろうか？　明らかに世間一般の感覚とずれているのだ。

外交が特殊な能力と訓練、環境への適応を必要とすることは確かだ。健全な自負と矜持を持つのも大いに結構。しかし、だからといって、その中にいる人間がギルド化する、特権階級面をするなど、僭越の極みだ。

日本人の語学力、海外適応力の相対的低さにかんがみれば、二世、三世のポテンシャルを大いに活用することは国益にかなう。他方、親が本省にいる時は、子供には在外勤務をさせる、近親者が人事権を握っている時は、本人は栄転・昇進を受けないといった「けじめ」こそ、必要ではないか？

自らの立身出世のために政治家に無節操に尻尾を振るような輩に限って、血縁者や身内を頼るのも世の常だ。これでは組織の規律は保てない。

（２０２４年10月７日）

第四章 「弱腰外務省」の実態

どうしようもないテーブル・マナー

世の中の人が抱いている誤解の一つに、「外交官はテーブル・マナーに秀でている」というものがある。英国人作家カズオ・イシグロの「日の名残り」（早川書房）に描かれたようなイングランドのマナーハウスでのディナーなど、お手のものというステレオタイプだ。

日本外交の最前線に40年間身を置き、リングサイドから実態を観察してきた私に言わせれば、とんでもない思い違いだ。

外務省入省後の本省研修では、一応テーブル・マナーを習う。でも、初歩的なレベルにとどまり、その後キャリアの過程で再度研修を受けるなどしてアップデートされることはない。ここが外務省の決定的弱点だ。そうなると、各自がよかれと思って我流で通すことになる。

音を立てずにスープをすすり、パスタを食べることができないチャイナスクールの大使。ワインを試飲する際にうがいをするかの如く音を立てるフレンチスクールの大使。口の中に食べ物を入れながらしゃべり、食後には人差し指を挿入して歯を掃除するアメリカンスクールの大使。反面教師はあまた見てきた。こんな低次元の所作が組織全体に伝播しているのだろうか？

駐豪大使を務めた際に、大使公邸での夕食会に同席させた若手大使館員のマナー逸脱には心を痛めたものだ。

ホスト側であるにもかかわらず、客の食事のスピードに一切配意することなく、自分の皿の食事を真っ先に平らげ、次の皿を物欲しげに待つ者。ひどいのになると、会話に参加することなく、黙ってうつむいて食べるのに専念し、足まで組み始めた。

主賓の豪州人大物閣僚がそうした同席者に話を振らないだけでなく、視線も向けないことに気付いたのは私だけだったのか？

「おもてなし」を標榜する日本人が引きも切らない。だが、我流を貫いていないか？独りよがりになっていないか？という謙虚な姿勢が不可欠だろう。

その意味では、会話の振り方も重要だ。例えば欧米人のゲストを夫妻で招いた際、男同士の仕事の会話に明け暮れるのも日本の外交官の悪い癖だ。「将を射んと欲すれば、まず馬を射よ」の至言を忘れたのか？奥方が関心を持ち、日本大使公邸に呼ばれてよかったと思わせる接待こそ不可欠なのに、果たして何人の大使・総領事がこれをできているか？
これも広義のテーブル・マナーの一環だ。

その意味で頑張っていたのは、豪州メルボルンの島田順二総領事夫妻だ。

中国シンパで有名なビクトリア州首相夫妻を総領事公邸に呼んだ際のこと。食前には琴の連奏を周到に用意し、絶品の和食の後には総領事夫人自らが弓道のデモンストレーションを披露する日本アピール。眼前を音を立てて飛び去り的を射た矢に「ワォ」と発した州首相夫人を見て、会食の成功を確信した。

日本ならではのおもてなし。世界中に配置されている大使、総領事が夜な夜な展開したら、どんなに日本の外交力は強化されることだろうか？

在外公館長が切磋琢磨する時代を期待して、拙著「南半球便り」（文藝春秋企画出版部）を後に残した次第だ。

（2024年10月14日）

第四章 「弱腰外務省」の実態

一 外交官夫人に適した女性像

「君たち、この女性と順番にデートしないか？」

ひときわダンディーな大臣官房のエリート首席事務官からこう言われてすぐ「ハイ」などと応じるチャラ男は流石にいなかった。

入省後、間もない頃。有力者令嬢で、外務省でアルバイトをしていた女性を紹介されたのだ。美白の瓜実顔、すらりと伸びた健康的な容姿が印象的だった。

飛ぶ鳥を落とす勢いだったこの首席から私の同期に対し、「いきのよい奴を5人集めろ」と指示がおり、私も宴席に加えられた。

デートと言われても、忠義心だけが取り柄と心得ていた初心な私は、当時付き合っていた女性の顔が浮かび身を引いた。そののち警察官やインテリジェンス・オフィサーとして役立つことになる観察眼が、潤んだ瞳で首席事務官を見上げる女性のまなざしを見逃さなかったことも大きかった（笑）。

だが、後で知ったのは、なんと5人中2人が実際にデートしたこと！　座標軸のない奴らだった。その後の展開は寡聞にして知らない。

でも、こういう例は周りに溢れていた。

知り合いに頼まれ、「街で見かけたＪＪボーイ」なる女性雑誌の特集に写真入りで出たことがある。よりによって桜田通り沿いの外務省正門前でポーズをとらされた気恥ずかしい写真が出回った。

そんな私に近づいてきた撫子たち。今思い返せば、もっと丁重にお付き合いすべきだったろう。でも、その多くが外交官の仕事についてイノセントで美しい誤解を抱いていた。

「パーティーが多いんでしょ？」

「アメリカなんかより、パリやロンドンの方が素敵ね」

「やはりイブニングドレスは何着も必要よね。でも肩を出す自信ないし、どうしよう」

実態が全く違うとは言わないが、それは一面に過ぎず、それだけではない。人目につかない地味な作業、「アヒルの水かき」こそ、外交官の仕事の真骨頂だ。そして、それを夫婦で力を合わせてやる。そうすると、開かなかった扉が開くのだ。

駐豪大使時代、キャンベラの大使公邸に夜な夜な人を招いては接待した。夫婦同伴が原則だ。渋谷・セルリアンタワー東急ホテルから派遣してもらった小形禎之料理人が腕を振るったディッシュが並ぶ。だが、流石に毎日となると、胃腸が追い付かない。会食続きの日々に漢方薬は必須だった。そして、まず朝食、さらには昼食まで抜いて夕食に備えることが常態となった。

外交官夫人には、そういう付き合いに応じられる心と体の準備がまず必要だ。また、黙ってうつむいて食事をしているだけではだめだ。大縄跳びを飛ぶように、会話に入っていかなければならない。着物、日本文化、和食、観光地、歴史など最低限のことを説明できる力も必須だ。できれば慰安婦問題など、女性の観点から説明してほしいものだ。

「それは面白そうね」という女性にこそ、伴侶になってほしいと思う。そして相手が大使になった時には、親の介護があろうが子供の教育があろうが、絶対に単身赴任をさせてはならない。なぜなら、大使夫人の不在は、開くべきドアが開かないことになり、日本の国益を損なうからだ。

(2024年11月4日)

東大生の霞が関人気が薄れた三つの理由

昨年、母校東大に招かれ、公共政策大学院で講義をしてきた。担当教授に学生の進路を尋ねたら、「以前は国家公務員の人気がありましたが、今は様変わり。代わりにコンサルティング会社が人気です」と聞かされた。

かつては、こんなことはなかった。約10年前、2年間にわたり同大学院で国際法のゼミを担当した。20名ほどの小さなゼミから5人も外務省に入省してくれたのは嬉しい思い出だ。

なぜ、これほどまで霞が関は人気を失ったのだろうか？　その真っただ中で40年にもわたって刻苦勉励してきた身からすれば、その理由は複合的と言わざるを得ない。

一つは、若者の意識、優先順位の変化だろう。

「エリートたる者、天下国家のために働くべし」とは、明治の富国強兵以来、長らく日本社会を支配してきた空気であったように思う。だが今や、城山三郎の「官僚たちの夏」（新潮社）に活写されていたノブレス・オブリージュに代わって世間を覆っているのが、ワーク・ライフ・バランスだ。夜を徹しての国会答弁作成作業や、気の遠くなるような法案作成・根回しなど、「わりに合わない」「コスパが悪い」として敬遠する向きが増えた。

世間の目も変わった。女性店員が接客するしゃぶしゃぶ店に興じたり、機密費で競走馬を購入したりなど、世間の耳目を集めた官僚側の不祥事もあずかって力あったが、「政治主導」のかけ声につられて官僚に対する「リスペクト」が甚だしく失われてきたことも間違いない。

自らのプライド、世間のリスペクトの双方が失われた職業に人が集まるわけがあるまい。

第二の理由は、給与水準だ。

現役時代、国家公務員の給与だけでは子供2人を私学に送ることは無理であることを肌身に染みて痛感した。実家からの支援が不可欠だった。大使になるまで預金通帳の残額が100万円を超えることはまずなく、爪に火を点すような思いをしたことも一度ならずある。

こうした待遇と密接な関係にあるのが、公務員住宅の縮小削減、遠隔地化だ。都心の一等地にあるのが贅沢だと一方的に批判されて売却が進められたため、郊外の官舎に移るか、官舎から出てマンションを買うか迫られた者は引きも切らない。もともとは安月給とパッケージでの安普請の官舎住まいであったはずなのに、家賃も徐々に値上がり、昔日の大幅な割安感は吹き飛んだ。残業時のタクシー代はアップするし、緊急参集時の登庁にも余分の時間を要してしまう。こうしたマイナスは、殆ど議論されてこなかったのではないか？

第三は、オフィス環境だろう。退官後、六本木ヒルズに所在する法律事務所に転職し、今さらながら、よく霞が関の環境に耐えてこられたと思ったものだ。就活をする学生が霞が関に惹かれることはないだろうと腑に落ちた。

だが、国家としてこうした状態を放置しておいてよいとは到底思えない。外交、国防、治安はもちろん、国家財政の管理、経済政策の舵取り等、国でなければできない仕事は厳

第四章 「弱腰外務省」の実態

然としてある。二線級の人材しか集まらない場合、国益を著しく損なうことは必至だ。現に、事態はそこまで悪化している。

（2024年7月15日）

小心官僚を生み続ける霞が関の「セクショナリズム」

私は中学・高校と東京の国立市にある桐朋学園で伸び伸びと育った。三多摩屈指の進学校でもあるが、野球、サッカー、ラグビーなどもなかなか強く、「メンズクラブ（メンクラ）」や「ポパイ」から抜け出てきたような伊達者が大学通りを闊歩する校風が大好きだった。実際、俳優やモデルも育っている。

そんな桐朋出身者が構成するのが「霞が関桐朋会」。横畠裕介内閣法制局長官や西正典防衛事務次官を輩出したのは桐朋OBの誇りだ。

ところが、課長補佐時代、その会合に出て愕然としたことがある。世間をにぎわせた通産省（現・経産省）の人事抗争で「四人組」の一人と報じられていた桐朋OBの大先輩に初対面の挨拶をした。

「外務省でGATT、WTOを担当しております国際機関第一課にいる山上と申します」

人の挨拶も聞き終わらないうちに、ご仁は、こうのたまったのだ。

「外務省にGATTを担当する課があるとは知らなかった」

外務省にあってGATT担当の国際機関一課（通称、こくいち。現在の国際貿易課）と日米経済関係担当の北米二課（通称、べいに）は、経済外交の両横綱と称されてきたエリート課だ。たびたび外務省に首根っこを押さえられてきた通産省の人間が知らないわけはない。露骨な嫌味だった。

初対面の母校の後輩にまで露骨なまでのセクショナリズムをぶつけてきた先輩の度量の大きさを見るにつけ、霞が関を覆ってきた宿痾《しゅくあ》の根深さを垣間見た気がしたものだ。

時代は下って、数十年。キャンベラで大使をしていた頃、外務省への出向を最大限充実したものにしたいとの気持ちに立って頑張ってくれた他省庁出身者の活躍に、心洗われる思いがしたものだ。大使とインテリジェンス機関との橋渡しを率先して支援してくれた警察庁や内調出身者、総理や外務大臣訪問の際の気疲れする膨大なロジ業務を率先して引き受けてくれた国土交通省出身者。週末も夜間もない警備業務を滅私奉公して指揮してくれた陸上自衛隊出身者等々…。今も感謝の念に堪えない。

だがその一方で、「外務省の仕事はしない」「館内会議には出ない」「週末に仕事の指示を受けるのはパワハラだ」などと、出身省庁の仕事の流儀と自らの殻に籠り、折角の在外公館生活をフルに活用できない若手もいた。

長年にわたって霞が関でセクショナリズムに囚われた輩を目の当たりにしてきた経験から言えば、結局のところは自分の属する組織しか見えない視野狭窄か、親元の後ろ盾がないととても1人では勝負できない、小心の器であることが多い。嘆かわしいことだ。

そんな輩こそ、どんなに組織に忠義を誓ったところで、最後は自分の献身が報われずに裏切られた気持ちになるようだ。その時になってセクショナリズムの先兵として投資した時間と労力を返せ、などと叫んでも、誰も相手にしてくれない。

天下国家、日本の国益を最優先に考え、何をすべきかを判断する。それこそが吏道であり、官僚として、そして、いち国民として悔いを残さない生きざまなのだと切に思う。

（2024年7月22日）

「民間大使」起用論

だいぶ前になるが、日本を代表する某大手メーカーの社長が駐英大使に擬せられたことがあったが、メディアのインタビューで否定した本人が二つの理由を挙げていたのが印象的だった。

一、大使になれば、年俸が大幅ダウンになる。

二、今や首脳外交の時代で、出先の大使ができることは限られる。

この理由をみて、「ああ、この人は大使には全く向いてないな」と思った。

まず、第一の点だ。赴任先によるものの、大使の年収はよくても2000万円前後だろう。今や大手企業最高幹部の年収が1～2億円に達するのが珍しくないことを考えれば、収入激減は必至だ。

だが、宮仕えには、そんな尺度だけでは測れない価値がある。日の丸を背負って海外に出て人脈を作り、情報を収集し、対外発信をする。日本大使の自分にしかできない付加価値を付けられる機会が満ち溢れている。これは金目の問題ではないのだ。

第二の問題は、「首脳外交の時代」などと、外交の素人が専門家から聞きかじってきたような口を叩いたことだ。首脳が特定の相手国との外交に費やせる時間は、面談での首脳会談や電話など、1年に数時間にとどまるだろう。しかるに、任国に常時駐在している大使ともなれば、寝ても覚めてもその国との関係を如何に取り仕切るかを始終考え、そのための作戦を立て、執行していくことになる。つぎ込む熱量と費やす資源の桁がまるで違うのだ。そこが理解できないのであれば、大使などしてもらわなくて本当によかったと思う。だが、今や位人臣を極めた外務官僚でさえ、大使ポストを一つもやらずに退官していく例が確実に増えている。外交官であっても、霞が関、永田町という狭い井戸の中での遊泳術にだけ長けた「内交官」が増えていると指摘される所以だ。嘆かわしい限りだ。

だからこそ、オールジャパンで「我こそは」という人材を結集して大使に充てる必要があると思う。同時に大使は、決して専門性、難易度が低い仕事ではない。任国にあって、日本の顔となり、耳となり、口となる。訓練を受けずに物見遊山気分で来た人間に務まるような甘いポストではない。

他省庁の例だが、しばらく前から警察庁は他省庁出身者には県警本部長をさせない方針に変わったと聞いたことがある。そうであるなら、大使こそ、助走と訓練が必要だろう。若い頃に一度外務本省や在外公館に出向して外交の実務に接し、ある程度やりおおせた人間が、長じてから大使で二度目の勤務をすることを原則としたら如何だろうか？

また、大使はオールラウンド・プレーヤーでなければならない。

「自分は商社出身だから歴史問題は議論しません、領土問題は足して二で割ります」では国益は守れない。同時に、「私は国防・治安機関出身ですから、日本企業支援など関心がありません」では、在留邦人社会の理解と支持が得られるわけはない。また、スピーチやテレビ出演などの露出は常態と心得ておかなければならない。

したがって、外部人材を大使に抜擢する際の「研修」が重要となるのだ。

大使ポストをゆめゆめ落選した国会議員相手の失業対策とすることなどないよう、万全の用心と配意をしつつ、微妙で繊細な制度設計をしていく必要がある。

（2024年7月24日）

国会を逃げる外務官僚

「なぜ外務省の役人は国会答弁があんなに下手なのか？」――近年夙に外務委員会委員長などの国会関係者から指摘を受ける点である。

某国会議員の勉強会で日本外交の現状と課題について講演をした際、同じ指摘を受けた。かつ、その議員は、「答弁がその場しのぎの細工であることが明々白々」と強く苦情を述べた。さもありなん、との感を禁じ得ない。意識の問題と訓練の問題の両面があると受け

第四章 「弱腰外務省」の実態

止めている。

意識としては、国会議員への説明は当該議員に対する説明にとどまらないはずだ。その後ろに控えている有権者、さらには国会でのやり取りを聞いているメディア関係者、テレビ視聴者などに向かって、政府の施策の正当性を訴え、理解を勝ち取らなければならない。しかるに、そうした説明責任を果たすという姿勢よりも、厳しい質問をやりおおせて言質を取られることなくその場を切り抜けようとする姿勢が濃厚だ。

場数としては、かつて役人が「政府委員」と呼ばれ、国会審議の重要な一翼を担っていた頃と異なり、最近は「政府参考人」が答弁する機会は減った。国会審議を政治家による政策討議にしようとの一時期の問題意識は十分にかなえられないとしても、存続している。

また、外交問題について言えば、かつての日米安保や国連平和協力法案、ＰＫＯ法案のような与野党が先鋭に対立する外交事案が少なくなってきた面も指摘できよう。

その結果、緊張感溢れる局面で官僚の答弁が注目を浴びる機会も減った。そうなると、官僚自身も国会答弁で鍛えられることが少なくなり、勢い、与えられた答弁資料を墨守《ぼくしゅ》し、その場をやり過ごそうという逃げの答弁が主流になる。

昨年、久しぶりに衆議院外務委員会の審議を見ていて本当に憂鬱になった。駐日中国大使の暴言、靖國神社での乱暴狼藉、日本の排他的経済水域でのブイ放置問題などについて政府の対応が手ぬるいとして執拗に追及する野党議員からの質問に対し、上川陽子元大臣以下外務省の答弁者のラインは「適切に対応して参ります」の繰り返しにとどまり、「今の政府の対応は適切なのか?」「なぜそう判断できるのか?」という一般国民が知りたがっている問いかけに対して、何ら説明を試みることがなかったからだ。

国内でこんなやり取りにまみれているようでは、対外発信など夢のまた夢だ。聞き手の理解できる言葉とロジックで説得するという言論戦に勝ち抜くための訓練を全く受けていないからだ。

それだけではない。某外務大臣経験者によれば、外務省の人間は国会で当該大臣経験者の姿を見かけるたびに姿を隠し、挨拶さえしてこないという。「説得」だけでなく、「挨拶」さえできない。

これこそ、日本外交の劣化を象徴する話ではなかろうか。

（2024年9月16日）

第四章 「弱腰外務省」の実態

外務省が天下りに無縁な「内交官」ゆえの理由

霞が関の官庁の中で外務省ほど「天下り」に無縁な省庁はないのではないか。

なぜか？　答えは簡単だ。

まず、50代初頭から「肩たたき」に遭うような大方の他省庁と違い、外務省にあっては、いったん入省したキャリア（総合職、旧上級職）は、大半が60代半ばまで大使等のポストをやらせてもらえるからだ。

私自身は、国を憂える思いが募り、23年末に62歳で外務省を去った。だが、昭和59年（1984年）に入省した同期25人のうち、私以外の全員は今も在職中だ。民間企業や他省庁ではあり得ないことで、羨ましく受け取られるだろう。

もう一つの理由は、「天下り」を引き受ける側がメリットを感じるような人材が少ないからではないか。内向き志向が嘆かわしいほど強まった今の外務省にあって、外国語能力、外国との人的ネットワーク、国際情勢分析力を「売り」にできるタマはなかなかいない。

ましてや、大使を務めたことさえない外務官僚となれば、次官、外務審議官や局長をやったくらいでプライドの塊となり、使いにくいことこの上ない輩が溢れている。「落選した国会議員と五十歩百歩」と言われる所以だ。

私自身は、幸いにも日本国際問題研究所・所長代行、国際情報統括官、経済局長、駐豪大使時代の仕事ぶりを見ていてくれた人たちがあり、同志社大学、TMI総合法律事務所、笹川平和財団、JPR&Cなど、いくつかの組織・企業から誘いを受けて人生第二ステージを歩んでいる。

他方、せっかく国民の税金を投入し、40年前後も外交畑で人材を育ててきたことを勘案すれば、人生100年の時代に外交官OBをもっと社会のために貢献させられないかとの指摘もあり得るだろう。

一つの候補分野は、口頭でのプレゼンテーション（説明能力）だ。世界標準では、大抵の日本人は大人しすぎて退屈だとみなされる。食事の場でも、喋らないと相手にされない国が殆どで、黙ってうつむいて食べるのに専念する文化は稀だ。だからこそ、そうした環境で鍛え上げられた外交官こそ、口頭の説明能力が磨かれるはずだ。教師から生徒への一方通行が圧倒的に多い日本の高等教育にも新風を吹き込めるはずだ。

もう一つは、英語をはじめとする外国語での発信力だ。講演、メディア・インタビュー、

第四章 「弱腰外務省」の実態

ＳＮＳなど、手段はあまたある。大使や総領事として場数を踏んできた外交官の独壇場のはずだ。

ところが、実態はそうなっていない。政治主導の掛け声の下、危険回避、内向き志向が強まり、「内交官」が霞が関、永田町にはびこり、外交官として当然備わるべきはずの上記の能力が疎かになってきたからだ。

一例を挙げれば、最近の外務省幹部で内外の主要紙・テレビ局のインタビューに応じた例は寡聞にして知らない。これでは能力は伸びないし、「天下り」の道など枯渇することになる。

外交官の第二の人生の扉を自ら閉ざしているのは外交官自身なのだ。

（２０２４年9月30日）

強化すべき外務省「かつてのエリートコース」

外務省のエリートコースといえば、戦後長らく条約局（現在の国際法局）であったことは間違いない。条約課担当官、条約課長、条約局長を務めた人物が次官等のポストに昇進するケースが相次いできた。その意味では、条約課長の重みは、北米一課長、北東アジア課長（朝鮮半島担当）、中国課長、ロシア課長を長らく上回ってきたと称しても過言ではないだろう。

その背景には、対外的には、大東亜戦争後から少なくとも1970年代に至るまで戦後処理が日本外交の大きな課題であり、旧ソ連、韓国、中国、さらには北朝鮮といった難しい隣国との国交正常化交渉に俊秀を充てる必要が高かったことがある。

対内的には、いわゆる55年体制の下で日米安保条約体制に係る国会審議対応が焦眉の急で、安保条約、地位協定の解釈・運用に通暁した者が重宝されたことも大きい。さらに、国連PKO活動への自衛隊部隊の参加、集団的自衛権行使の限定的容認といった国策の根幹に関わる政策変更が憲法、国際法についての正確な理解と該博な知識を必要とするものであったこともあずかって余りある。

だが、時代は変わった。外務官僚に求められるものが、安保条約や過去の国会答弁前例を巡る訓詁学ではなく、日本の防衛力整備を含む国防政策と外交政策の緊密な連携・調整、「日米豪印」のような既存の地域局の枠組みを超える地域横断的な枠組みを作っていく発想と対応、に転じてきた。外務省内の総合政策局、内閣にあっては国家安全保障会議事務局の役割が重要な所以だ。

しかしながら、こうした流れは法的マインドの重要性が低下したり、条約局が長年担ってきた歴史的使命が終了したことを意味するものではない。

実際、法的には片付いたはずの戦後処理の揺り戻しは、今なお繰り返し起きている。慰安婦問題、徴用工問題は好例だ。化学兵器禁止条約という多数国間条約の作成を契機として、戦後処理レジームの下では中国側の問題であった遺棄化学兵器の処理を日本が法的義務として負わされることになったのは、日本外交の「抵抗能力」の弱さを如実に示している。

日中国交正常化の際に周恩来が述べたとされる「法匪」たる優秀な条約担当官が今も必要なのである。

もう一つの大事な課題は、国際訴訟に臨む体制の強化だ。

日本政府は岸田前総理以下、金太郎飴のように「法の支配」が重要だと国際場裡で訴えてきたが、実態は伴っているのか？　そうした省察が不可欠だ。「法の支配」を唱えるなら、紛争が生じた場合に法的手続きに従って解決を図るのが最優先であるべきだろう。しかし、捕鯨問題について国際司法裁判所で敗訴し、福島第一原発事故後に導入された韓国の食品輸入禁止措置についてのＷＴＯ上級審で勝てなかった日本外交は、今なお腰が引けたままだ。中国による水産物全面禁輸という言語道断な措置に接しながら、ＷＴＯ提訴を求める内外の声に抗している体たらくだ。

これでは、「法の支配」が泣く。国内外の大手法律事務所等の力を借りながら、まだまだ「条約局」（国際法局）を強化していかなければならないのだ。（２０２４年10月21日）

―「パワハラに気をつけましょう」

「パワハラ」を指弾されて辞任に追い込まれた斎藤元彦兵庫県知事が再選され、世論を賑わせた。主要紙には、「斎藤知事を擁護するＳＮＳ上の声が、同知事のパワハラを糾弾してきた主要メディアの論調に打ち勝った」とする分析と同時に、「ＳＮＳ上には実証されていない情報が氾濫しており、注意深く選択しなければならない」などと訳知り顔で語る「有識者」のコメントも掲載されている。果たして「主要メディア」で流されている情報は実証されているのか？　鼻白む人間が絶えないことだろう。

それに加えて、今回の顚末を見ていて想起したのは、ここ数年、日本社会全体、とりわけ外務省において喧しく騒がれてきた「パワハラ、セクハラに気を付けましょう」というお経や呪文にも似た説諭だ。

ある経済官庁から大使に任命された人物は、任国への赴任前に外務事務次官室に挨拶に行った際、当然自分が赴任する任国と日本との関係についての心構えや戦略論を外務事務当局の最高責任者から聞けるだろうと期待していた由である。ところが、そんな次元の高い話は一切なく、「パワハラ、セクハラに気を付けましょう」との趣旨を記した一枚紙を投げるように次官から渡されたことに幻滅し、憤慨したという。

ある安全保障官庁から意気込んで途上国に赴任した大使は、緊張感が弛緩し士気の停滞した大使館員に対して発破をかけ続けたところ、週末に仕事の指示を出したことなどを問題視した部下から「パワハラ」との「刺し」（内部通報）に遭い、大いに心労を重ねた。一部部下の離反以上に最も同大使を失望させたのは、同人に対して当時の外務次官が「部下の指導などしなくてよい」と言い切ったことだという。

和気藹藹とした職場の雰囲気醸成・維持を最上とし、厳しい指導など不要、さらには部下の育成などに高い優先順位を置かない風潮が、今の外務省を席巻している。かつてもてはやされたノブレス・オブリージュなどというエリートとしての心掛けは、ワーク・ライフ・バランスというブルーカラー的な掛け声にとって代わられた。

霞が関を離れて日本有数の大手法律事務所に転職した今、新卒の弁護士に対する法律事務所での研修や指導の方が、新卒の外交官に対する外務研修所での研修や外務本省での指導よりも厳しいのではないか、と受け止めている。

高い士気と能力を誇った一線級の人材が次々に外交の現場を離れ、後を引き継いだ次世代は意欲、能力共に劣る。そんなレベルの人材集団に対し、組織による経験に基づき工夫を重ねた研修も施されなければ、上司や先輩による時に厳しく熱い指導も行われない。こんな状態では、日本外交の劣化は止められるわけがないだろう。

ＡＰＥＣ（アジア太平洋経済協力）会議やＧ20首脳会合での石破茂総理の唖然とするような立ち居振る舞いが世論の厳しい批判を集めた。岩屋毅外相をはじめ自民党政治家の間では、外務省のサポート体制の拡充を求める声も聞かれる。だが、いくら外交素人の政治家に対してであっても、自らでさえ実施できていないことを人に「サポート」することなど、土台無理と悟るべきである。病巣は根深いのだ。

（２０２４年12月16日）

第四章 「弱腰外務省」の実態

霞が関を弱体化する人事

某友好国の情報機関大幹部と懇談していたら、友人として申し入れを受けた。日本政府各省庁のカウンターパートがくるくる代わりすぎるという苦情だった。知り合ったと思ったら代わっていく、これでは仕事ができない。1期5年の任期を2期にわたって務めることとした同人の立場から、もっともな指摘だった。

その昔「1年総理」が6人続いた頃、メルケル独元首相が、日本の総理の名前を覚えてもすぐ代わってしまうので、もう覚えないこととした旨述べたとされた。同根の問題だ。大抵の霞が関の幹部ポストでは、任期2年どころか1年でコロコロと代わることも珍しくない。ポストに慣れたと思ったら交替し、知見の蓄積、内外の仕事上のパートナーとの信頼関係の構築など、絵に描いた餅となる。民間企業にあって官庁の人間と付き合ってきた方々が身に染みて感じてきた問題だろう。

こんな状態では、政策に通じたテクノクラート集団たるべき霞が関が、永田町の政治家との比較優位を失うのも必至だ。むしろ、長年、同種の問題に継続的に取り組んでいる政治家の専門性の方に一日の長があることになりかねない。

霞が関人事のもう一つの大きな問題は、年次主義だ。入省年次で1期でも先輩になると、後輩の生殺与奪の権限を握るやり方は限界にきているのではないか。

外務省の昭和58年（1983年）入省組は、泰然自若とした戦略家は見当たらないが、チマチマと器用に走り回る小役人が多いと評されてきた。1期上の57年入省組から、「7番バッター、8番バッターが多い期」と揶揄されたほどだ。

ところが、官僚人生終盤に当たって58年組の森健良氏が次官に昇格して人事権を握ると、同期への配慮なのか、能力や適性や専門分野にかかわらずニューヨーク、北京、ジュネーブなどの主要ポストに配置する荒業を次々に繰り出した。

北京では、中国専門家で豊かな在勤経験と広範な人脈を有する垂秀夫大使を交代させ、異例なことに垂（秀夫）氏より2期も上である自分の同期の金杉憲治氏を配置した。豪州研修で中国語もできず、中国にさしたる知見も人脈も有さない金杉氏は、着任後、蘇州、深圳での日本人児童を狙った殺傷事件への対応を巡り、強い批判の的となった。本人には気の毒だが、不自然かつ無理な人事の帰結と受け止められている。

そのかたわら、昭和59年入省組の梨田和也前タイ大使、私、60年入省組の垂氏は、58年組のみならず57年組もまだ現役として活躍している最中に退官を余儀なくされた。

かつて私の上司の条約局長だった丹波實氏（のち、駐ロシア大使）の口癖は、「人事は感情だ」だった。毒舌の同大使ならではの警世の句であったと、今になって身に染みている。

だが、外務省は公器だ。オーナー社長の一存で処遇が決まるような対応はご法度だ。いわんや、そんな人事を敢行して組織全体の士気を低下させ、長年にわたって培ってきた能力や専門性を十分に生かせないことになれば、機能不全を招き、国益を損なうのは必至だ。人事を司る者には、感情を捨てた無私、廉潔、公平性が求められることは、古今東西変わらない鉄則だ。そうでないと、外務省の劣化は底なし沼となる。（２０２４年10月23日）

第五章

緊急対談

戦後80年「日本外交のあるべき姿」

前駐豪大使
山上信吾

外交ジャーナリスト
手嶋龍一

韓国の政情不安と露朝の接近

手嶋　外交官として初めてワシントンの日本大使館で勤務していた頃から、外交官としての山上信吾さんをよく知っているのは僕ぐらいでしょう。ＮＨＫのワシントン特派員の時でしたから、もう40年近くも前になります。

山上　私がコロンビア大学の留学を終え、三等書記官として赴任したのは１９８７年でしたから、レーガン政権の末期でした。当時のワシントン特派員は猛者ぞろいで、毎日から産経に移った古森さんや読売の浅見さん、日経の田勢さんなどおられましたね。

手嶋　当時の山上書記官は時代劇に出てくるような若武者でした。名前もサムライ風の信吾ですから（笑）。鼻っ柱が強い米国のジャーナリストと時に衝突していましたから、官僚機構でやっていくのはさぞかし苦労が多いだろうと心配したものでした。それで、ご夫妻を我が家に招いて励ましたりしたんですね。条約局の担当官だった時も、権勢を誇っていた事務次官に臆せずモノ申したりして、今も変わりませんね。

山上　山の上で己を信じるという名前通りの生意気盛りでしたから。実は、日本とアメリ

手嶋龍一（テシマ　リュウイチ）　外交ジャーナリスト・作家。9・11テロに際してNHKワシントン支局長として昼夜中継を担う。ハーバード大学国際問題研究所フェローを経てNHKより独立し、インテリジェンス小説「ウルトラ・ダラー」「スギハラ・サバイバル」を発表しベストセラーに。

カでは、同じ政治ジャーナリストでも、その手法が全く異なることも、手嶋さんから教えてもらいました。

手嶋　ええ、政治家との間合いが全く違うのです。日本の政治記者は、担当する派閥の領袖の奥の院まで入り込む〝インサイダー〟です。それだけ、ディープな情報は手にしているのですが、一方で権力者と近すぎるという批判を受けます。

山上　アメリカの記者は政治家に近づきながらも辛らつな批判を躊躇しませんからね。オーストラリア大使として赴任した際も、キャンベラの政治記者と真っ先に付き合いました。彼らから得られる情報とその質は、オーストラリア政府の関係者からの情報とは全く違うのです。手嶋さんの貴重な助言が生きています。

手嶋　２０２４年は、東アジアは、力を背景とした中国の攻勢が一段と強まっただけでなく、朝鮮半島で重大な異変が生じた年でもありました。東アジアに在っては、超大国アメリカが、オーストラリア、ニュージーランド、フィリピンなどの国々と安全保障条約を結んで、新興の大国、中国と対峙し、併せて、日本、韓国と安全保障の盟約を結んで、中国、ロシア、北朝鮮へ睨みを効かせています。山上さんは、キャンベラから中国の攻勢を肌で感じてこられたはずです。そうしたお立場から、朝鮮半島の情勢が急変し、これが東アジアの安全保障環境にどんな影響を与えるのか、二人で検証してみたく思います。

山上　12月には韓国の尹錫悦《ユンソンニョル》大統領が「非常戒厳」を宣言し、与野党の強い反発を受けて、大統領の弾劾が議会で決議されました。その後、尹大統領は、内乱罪で逮捕状が出て、韓国政界はこれまでにないような混乱に見舞われています。

手嶋　朝鮮半島の南半分には、政治指導部が事実上不在なのですから、一種の〝力の真空地帯〟が生じてしまっているのです。

山上　本当に心配でたまりません。こうした現状は、日本の対アジア戦略にも重大な影響を及ぼさずにはおきません。日韓関係、そして北東アジアでの日本の立ち位置にも大きなインパクトを与えるのは必至です。

手嶋　近年の太平洋を舞台とした大きな動きとしては、強大な軍事力を背景に〝習近平の中国〟が海洋に迫り出してくる情勢に対応して、アメリカ、日本、オーストラリア、インドがクアッドという新たな枠組みを結成したことでしょう。

山上　日本政府の人間は、はっきりとは言いませんが、クアッドは中国あってのものです。公式には「中国包囲網には非ず」と説明していますが、中国がここまで強大かつ横暴にならなければ、クアッドだって生まれる余地はなかったはずです。オーストラリアやインドも参加することに首を縦に振らなかったでしょう。

手嶋 山上さんは、駐オーストラリア大使として、クアッドをより強固なものとするため、外交の最前線で精力的に仕事をこなしてこられました。ただ、クアッドの暗黙の前提として、北東アジアでは、アメリカ、日本、韓国が強固な安全保障上のスクラムを組んでいる、と関係国は考えていたはずです。ところが、その前提が今、大きく揺らぎ始めています。

山上 そう思います。日本、アメリカ、オーストラリア、インドがクアッドとして構築してきた大きな戦略をいま一度見直し、組み直さなければいけない事態を迎えていると言わざるを得ないですね。

手嶋 太平洋の北東部の情勢は、ひとまず安定している、最大の脅威は、なんと言っても〝習近平の中国〟と考えていたはずです。ところが、クアッドの北方に異変あり、という新たな情勢が持ち上がったわけですね。

山上 はい、ご指摘の通り、クアッドの前提には「ロシアや北朝鮮というのは喫緊の課題ではない」という情勢認識がありました。北朝鮮に対する抑えとしては、韓国がいましたから。ところが尹政権が崩れてしまうと、いわば緩衝国家というか、バッファゾーンだった韓国が、いなくなってしまい、日本も北朝鮮に直接的に対峙しなければいけなくなります。

手嶋　中国を睨んで、クアッドに韓国を加えるという声はなかったんでしょうか。

山上　クアッドの中核であるアメリカで、韓国を迎え入れようと真剣に考えていた人はいませんでしたね。率直なもの言いをすれば、「台湾有事が現実になった時には俺たちでやるから、韓国には北朝鮮だけ抑えておいてほしい」、「北朝鮮に対する睨みとしてのみ韓国は機能すればいい」というのが、アメリカの戦略の基本だったと思います。

手嶋　韓国の尹錫悦大統領は、前政権から安全保障政策を大きく転換して、日本、アメリカとの連携に大きく踏み出しました。だからと言って、対中戦略に尹錫悦政権を関与させるという動きは日本とアメリカにはなかったのですね。

山上　中国との関係で朝鮮半島の人々を日米の側にそっくり取り込むのは、歴史的、文化的にも難しいことを、日米ともに本能的に分かっていたと思います。歴史的に見ても、「小中華」を形成し半島国家である韓国が、中国と真っ向から対峙できるとは思えません。中国に三《さん》跪九叩頭《ききゅうこうとう》をやってきた国と、中国と適切な距離をとることに粉骨砕身してきた国とは、基本的にＤＮＡが違うんですよ。

手嶋　対中強硬派の山上さんらしい口吻になってきましたね。それでも、尹政権は、北朝鮮の跳梁跋扈には毅然とした姿勢を堅持してきました。ところが、その韓国の政権が、「非常戒厳」の宣布以来、溶けてなくなりつつある。

山上 「強硬派」を敬遠する柔な人が多いので、「対中リアリスト」と呼んでいただければ幸いです（笑）。その一方で、露朝関係は、事実上の軍事同盟に入り、去年の6月には「包括的戦略パートナーシップ条約」まで締結するに至りました。そして、現時点で報じられているだけでも、なんと1万人を超える実戦部隊がウクライナ戦争に投入されつつあります。日本は、中国だけでなく、北朝鮮、ロシアに対しても、三正面作戦で備えなければいけない事態となっています。

北朝鮮の「ロシア派兵」

手嶋 去年、北朝鮮は、我々の想像を遥かに超えて大きな変身を遂げました。少し前までは、人々は飢餓に見舞われ、在外の外交官も免税特権で購入した酒やたばこまで売りさばいて外貨を手にしていたほどでした。その強権国家が、ミサイルや砲弾などをロシアに輸出し、見返りに債務を削減してもらい、小麦や原油を手にするようになりました。

山上　プーチン大統領は、２０２４年6月に四半世紀ぶりに平壌を訪れて「包括的戦略パートナーシップ条約」を締結しました。この条約で「ロシアと北朝鮮のいずれかが第三国から攻撃を受けた場合は、互いに軍事的な支援をする」という条項が盛り込まれました。

手嶋　まさしく一種の〝攻守同盟〟ですね。

山上　北朝鮮が北の強国ロシアと〝攻守同盟〟を交わしたことで、北東アジアでの北朝鮮の重みはぐんと増すことになりました。クアッドが想定していた北東アジア情勢は、異なる様相を見せ始めているのです。

手嶋　私は「公安調査庁秘録」（中央公論新社）という著書で、現役の公安調査官、瀬下政行さんと最新の朝鮮半島情勢を分析し、上記の〝攻守同盟〟が、近い将来、重要な意味を持ってくると指摘しました。その時は、多くの北朝鮮問題の専門家から「少し心配のしすぎだ」と批判が相次ぎました。しかし、それから間もなく、師団規模の部隊が清津港からロシア海軍の艦艇に乗り込んで続々とウラジオストク港に上陸し、遥か対ウクライナの最前線に投入されることになりました。現時点では5万人規模の部隊が最前線に派遣されているという情報もあります。

山上　まさに手嶋さんが危惧した通りの事態になっていますね。ロシアの領土、クルスク一帯が、ウクライナ軍の攻撃を受けたことを奇貨とした参戦ですから、北朝鮮は〝攻守同盟〟に基づいて軍事的支援に乗り出したことになります。ロ朝の首脳は、かかる事態を想定して〝攻守同盟〟を取り交わしたのでしょう。

手嶋 金正恩総書記は、一連の行動は「法にかなった適切な行動だ」と言っているのですが、先のパートナーシップ条約にかなった合法的な措置だと言いたいのでしょう。

山上 ウクライナ軍は、2024年8月、ロシアのウクライナ侵略で始まった戦争の形勢を逆転すべく、ロシア西部のクルスク州へ越境攻撃を仕掛けました。この突然の攻撃によって、ロシア側は主戦場から兵を割かなければならず、ロジスティクスの面でも新たな戦線に弾薬、食料を送らなければならなくなりました。ロシア軍はかなり苦しい状況に立たされたことになります。

手嶋 作戦面から言えば、ウクライナ側はこの第二戦線を構築したことでかなりの成功を収めたと言っていい。朝鮮戦争でマッカーサー元帥が企図した仁川上陸作戦を思い浮かべれば分かりやすいでしょう。当時、アメリカ軍を主力とする国連軍はかなり劣勢に立たされていました。ところが、この仁川上陸で息を吹き返します。ウクライナ軍もクルスク侵攻で有利な局面を作り出したと思いきや、北朝鮮軍の派兵を誘発する結果となりました。

山上　岸田総理は「今日のウクライナは明日の東アジア」とことあるごとに繰り返し、アメリカの議会演説でもそう訴えました。日本から遥か彼方のウクライナ戦争と東アジアの戦略環境は不可分だと繰り返し指摘していました。北朝鮮軍のウクライナ戦争への派兵は、まさしくそうした発言を裏付けた出来事となりました。

手嶋　北朝鮮としては、今回、若い兵士の血で贖《あがな》って、どうしても欲しかったロシアの軍事技術や宇宙・ミサイル技術を手に入れることができるようになりました。加えて、朝鮮戦争以来、遠ざかっていた実戦で北朝鮮製の兵器を実際に使ってみる機会を得たのです。実戦に勝る経験なしといいますから。

山上　朝鮮半島の有事に備えて、ロシア軍が北朝鮮を支援してくれる布石も打ったことになります。日本、韓国、アメリカにとっては、従来とは異なる戦略環境が朝鮮半島に出現したと受け止めるべきでしょう。そうでなければ、北朝鮮も単に食料やハイテク技術を供与してもらうだけでは、ウクライナ戦争への派兵には踏み切らなかったはずです。

ロシアと中国の接近

手嶋 日本の人々は、すでに千日を超えたウクライナ戦争によって、サプライチェーンが寸断され、小麦などが値上がりし、ガソリン価格も高騰するなど、甚大な影響を蒙ってきました。その一方で、日本から遥か遠くの戦争だと考えている人も少なくありません。しかし、先に取り上げたように、北朝鮮軍がウクライナ戦争に事実上の参戦を果たし、これが日本の安全保障にとって死活的に重要な台湾有事にどんな影を落としているか、どれだけの人々が危機感を持っているでしょうか。

山上 ウクライナ戦争は、シリアのアサド体制の崩壊など、他の地域の紛争や危機にも連動しています。

手嶋 2022年の夏、ウズベキスタンの〝青の都市〟サマルカンドで、ウクライナ戦争が始まって以来初めて、中国の習近平国家主席とロシアのプーチン大統領が会談しました。その席で、習近平氏はロシア寄りの発言は控えたと報じられたのですが、実態は違っていました。習近平氏が「ロシアと中国は互いの〝核心的利益〟を支え合っていこう」と持ちかけ、プーチン氏も「ロシアは〝一つの中国〟の原則を厳守する」と応じたのです。

山上　プーチン氏は「支持」ではなく、「厳守」すると発言したのですね。

手嶋　中国にとっての〝核心的利益〟である「一つの中国」の原則を厳守すると約束したことで、プーチン政権が軍事力で奪い取ったクリミア半島、ウクライナの４つの州をロシアの「核心的利益」として中国側が支持したのでした。

山上　中国、ロシア両首脳の政治感覚がいかに研ぎ澄まされているか、我々の常識とは逸脱しているかが伝わってきます。

手嶋　２０２４年の暮れの時点で、日本は、ウクライナ戦争、中東の武力紛争、台湾危機、さらには朝鮮半島の異変という４つの大きなクライシスに取り囲まれています。しかし、そうした危機感を本当に共有している人がどれだけいるのか疑問です。その証左に、２０２４年９月の自民党の総裁選、さらにその後の総選挙でも与野党が本格的な論戦を交わしたとは到底言えません。日本の危機感の欠如、これこそが危機の本質です。

山上　私が総裁選でいちばん議論してほしかったのは、まさしく中国問題でした。しかし、議論が尽くされたとは全く言えません。石破総理が、総裁選で主張したのが、「アジア版ＮＡＴＯ構想」と「日米地位協定の改定」でした。いずれもアメリカ側からすれば、喫緊の課題ではなく、まあ明後日の懸案に過ぎません。今、日本が抱えている危機は、台湾海峡であり、露朝の接近なのです。こうした情勢に日本はどう対処していくのか、どんな具体策を講じていくのか、中身のある議論はほとんどありませんでした。

石破総理の最悪の提案

手嶋　防衛閣僚を経験した石破茂氏は総裁選で「アジア版NATO構想」と「日米地位協定」の見直しを提唱しました。超大国アメリカがアジアの安全保障の中核を担い続けることが次第に難しくなり、日米がより対等な立場で安全保障に取り組んでいくことが必要になっている。こうした認識はその通りなのですが、トランプ政権が誕生するかもしれない情勢下で、この二つを二枚看板として打ち上げるべきだったのか。私は石破総理が、最悪の時期に、最悪の提案をしたと思います。

山上　つい先頃まで、東アジアの安全保障に関わってきた者として、手嶋さんの指摘に全く同感です。

手嶋　「日米地位協定」は不平等な要素を含んでいるか。長く日米安保体制の現場を取材してきた外交ジャーナリストとして、そう問われれば、「日米地位協定」は戦勝国と敗戦国の取り決めであり、決して対等とは言えないとお答えしています。

山上 たしかに「日米地位協定」だけ見れば、日本側がより多くの義務を負っている面があり、「不平等だ」という指摘にはそれなりに根拠があると思います。ただ、問題の根源は、日米安保条約でアメリカは対日防衛義務を負うのに対して、日本はアメリカに基地を提供する義務を負っていることから来ています。加えて、「トランプ2・0」の時代を迎えて、日本側がストレートに地位協定の改定を求める適切なタイミングかと言えば、大いに疑問が残りますね。

手嶋 今後の石破・トランプ会談で改定を提起すれば、トランプ大統領は待っていましたとばかり「日米地位協定は自分も不平等だと思う」と応じるはずです。台湾海峡の有事には、地位協定に拠って駐留する横須賀や嘉手納の米軍基地から、米軍の若い兵士が尖閣諸島を守るために血を流すことになる。しかし、自分も、アメリカ国民の大半も、名前すら知らない島のために死地に赴くことに疑義を呈するでしょう。加えて、アメリカ納税者がなぜ血税を注ぎ込まなければならないのかと言ってくるかもしれません。私はトランプ氏の主張を正しいと言っているのではありません。ただ、両者の見解にはこれほどの開きがあるのです。

山上 加えて、日米地位協定の上位には、日米安全保障条約がありますので、日米地位協定だけを取り上げても、「木を見て森を見ず」で、細かい議論に迷い込むことになり、対等な関係を築けない恐れもあります。日米地位協定が平等か不平等か議論をするなら、日米安保体制自体を議論しなければいけない。その時には、アメリカ側から「我々こそ不平等に甘んじている」という大合唱が起きるはずです。東京が攻撃されたらアメリカは助けに行くのに、ニューヨークやＬＡがやられても日本が助けに来ないのですから。

手嶋 日本の条約当局は、日本はアメリカ軍に駐留基地を提供しており、その点でバランスが取れている。それゆえ「片務条約」とは言えないと答弁してきました。

山上 そう、「アメリカは日本を防衛する義務がある一方で、日本は基地を提供する義務を負ってきた」と説明してきました。条約用語で「施設・区域」を米軍に基地として提供し、米軍はそれによって日本の防衛だけではなく、「極東」の平和と安全を守るために使用してきたと説明しています。「極東」には、韓国、台湾、フィリピンも含みます。日米安保は普通の国同士の同盟条約とは異なり、日本側に米国防衛の義務を必ずしも課していない。その限りにおいてやはり片務的な、偏った条約なのです。

手嶋　地位協定の改定を議論し始めれば、アメリカ側は必ずや日米安保体制に潜む〝片務性〟を突いてくるでしょうね。

山上　トランプ大統領が「日本は集団的自衛権を限定的に行使できるようになったのだから、フルスペックで行使できるように改め、日米が肩を並べて戦おう」と持ちかけてくる可能性があるでしょう。「イギリスやオーストラリアとやっていて、なぜ日本だけ戦後80年経ってもできないのか」と言われた時、石破総理はその答えを用意しているのでしょうか。その答えを持ち合わせないまま、沖縄の住民が塗炭の苦しみを味わっているので、地位協定だけを改定しろと要求するのでは、政治家として無責任ですね。

手嶋　日本製鉄の首脳陣は、アメリカの大手鉄鋼会社USスチールの買収に関して、米政府が買収を承認しなければ米政府を訴えると強気です。トランプ氏が政権の座に就けば「どうぞやってみてください」と強硬な姿勢を打ち出すでしょう。

山上　日米同盟に隙間風が吹いているのを見て「こっちおいで」と仕掛けているのが今の中国です。中国が日本人の短期ビザを解除したのもそういう企図があってのことです。

手嶋　福島原発からの処理水問題も、水面下ではだいぶ折衝が進んでいます。日本産の水産物の輸入停止を解除する布石の一つと見ていいでしょう。何故、ここにきて中国側が柔軟な姿勢を見せ始めているのか。日米同盟に付け入る隙ありと見たからでしょう。

山上　米大統領選でトランプ氏が勝利した直後、石破総理との電話会談は5分で終わり、南米訪問の道すがらアメリカに寄って会いたいと言っても謝絶されました。その傍らでトランプは、アルゼンチンやカナダ、イタリア、フランス、ウクライナの首相たちと会っていたわけです。2016年の時には安倍晋三総理がトランプタワーに乗り込んでいって、諸外国はあっけにとられました。私も色々な人に「日本はでかしたな」と言われました。あの時と今回のコントラストは強烈ですね。安倍昭恵さんのトランプとの夕食会を受けて、一時は「1月中旬には石破・トランプ会談」と報道までされたにもかかわらず、その後2月以降に先延ばしになったことにも不安が尽きません。

手嶋　安倍さんの電撃訪問では、私はその内幕をよく知る立場にあったのですが、かなりのフロックにも恵まれて会談は実現したのですが、やってみる価値はあったと思います。

石破総理のアジア版NATO構想は書生論

手嶋　石破総理は、「日米地位協定」の改定とともに「アジア版NATO構想」も提案しています。山上さんは、駐オーストラリア大使としてクアッドに深く関わってこられましたから、独自の見解をお持ちだと思います。

山上　この構想は、要するに「仲間がやられたら俺たちが助けてやる」という集団自衛なのです。これが成立するには「共通の目標」「共通の脅威認識」「共通の行動」の三つが不可欠です。NATOにはまさにこの三つが整っているのです。では東アジアには「共通の目標」が果たしてあるのかと問わざるを得ない。アメリカ、カナダ、ヨーロッパ諸国は、自由民主主義、人権尊重、法の支配、市場経済という価値を共有しています。しかし、東アジアでは、東南アジア諸国の多くは民主主義や人権尊重に尻込みしますし、韓国ですら法の支配が心もとないほどで、価値を共有しているとはとても言えません。「共通の脅威」に関しても、東アジアで中国が脅威だと断言できる国が果たしてどれだけいるのか。中国に強い姿勢で臨むことに同意できる国はどれほどいるのか。それを言えば、オーストラリアの労働党政権や韓国の左派政権だって怪しいものです。

手嶋　「共通の行動」となればますます難しいですね。

山上　フィリピンが中国に攻撃された時にフィリピンを助けられるか。韓国が北朝鮮に侵攻されたら韓国を助けられるか。それには、日本も集団的自衛権をフルスペックで行使しなければいけません。日本は「存立危機事態にならなくては何もできません」というのでは、そんな日本は足手まといでしかありません。

手嶋　今、山上さんが「フルスペック」と表現したのは、集団的自衛権の行使に道を拓いた先の改定でも、厳格な制約条件が課されているからです。日本の存立が脅かされている事態に限って行使が可能という制約を課されていることを言っているのです。

山上　そう、フルスペックでなければ、日本は「アジア版NATO」には参画できません。はっきり言いましょう。これは書生論です。国際関係論を勉強したての大学生ならまだしも、長年、安全保障の分野に携わって総理・総裁を目指してきた政治家が、政策の目玉にするようなものではありません。

日本の安全保障と集団的自衛権

手嶋　外交オブザーバーの立場から怜悧に言えば、集団的自衛権の行使に道を拓いたといっても、透かして見れば、集団的自衛権の行使の幅は実態的にはむしろ狭まっているとすら言えますね。

山上　確かに行使の条件は厳しいですね。私が外務省時代に携わった仕事で、本当にやりがいがあったのは二つでした。自衛隊の海外派遣に道を拓いたいわゆる国連ＰＫＯ法案。１９９０年代初頭です。もう一つは集団的自衛権の解釈変更です。２０１４年のことです。手嶋さんが指摘されたように、集団的自衛権の行使の条件がここまで狭められたことに悔しい思いはありました。自公政権で反戦・平和・護憲を掲げる公明党の立場に配慮して、「存立危機事態に至った時」という要件が加えられましたから。

手嶋　日本国の存立が危機に陥った場合と条件を付けたことで、集団的自衛権の行使の範囲はぐんと狭まったことになります。

山上　友達がやられた時に助けに行くのが集団的自衛権のはずです。国連加盟国のすべてが享受しています。にもかかわらず、日本だけは、自分に被害が及ばないと友達を助けられないのです。それが「存立危機事態」の実態なのです。ただ、ひとまず風穴を開けたことが大事だと思っています。安倍元総理は「台湾有事は日本有事、台湾有事は日米同盟有事」と言いましたが、中国が攻撃的、暴力的な姿勢を取り始めており、台湾海峡の事態が「日本の存立危機事態」になることは十分にあり得ると考えます。

手嶋　日本が国家の存立の危機に晒されているか否か。それを決めるのは、条文の解釈ではなく、政治指導者です。今のような少数与党の内閣では決断はますます難しいでしょうね。しかも、憲法の解釈や内閣が提出する法案をチェックするのが内閣法制局では。戦後の日本は、憲法や法律の解釈権を大きく彼らに委ねてきましたから。

山上　内閣法制局が新しい法案や憲法解釈を、憲法9条をテコにして止めてきた面があるのは間違いありません。内閣法制局を説得するために多大な労力を費やしてきた一方で、法制局にひれ伏しがちな防衛省内局と違って対峙することにひるまなかったのが、戦後の外務省条約局、今の国際法局でした。ですから安倍元総理が、集団的自衛権の憲法解釈を変更するにあたって、内閣法制局長官にかつて二度にわたって当時の私の上司だった小松一郎元駐仏大使を送り込んだのです。小松さんはそんな四面楚歌の中で奮闘し、最後はその心労もあってか、がんで亡くなりました。集団的自衛権行使の道筋をつけることができたのは、小松一郎という人の存在なしにはあり得なかったと思います。

手嶋　内閣法制局が典型なのですが、官僚は前例を踏襲してリスクを取りません。やはり政治指導者が官僚に憲法解釈権を安易に委ねない姿勢が大切です。政治責任を担い、その審判は有権者に仰ぐことが民主政治の基本です。

山上　政治のリーダーシップということで言えば、外務官僚のみならず、政治家の劣化を心配しています。ことに、少数与党の政局下で「今が存立危機事態です」と言い切れる政治家は少ないと思います。けれども、万が一、台湾海峡で有事が発生した場合に「これは存立危機事態に当たるんでしょうか？　単なる周辺事態で、日本としては後方支援しかできないのでしょうか？」などと小田原評定をやっていたら、日本という国は潰れてしまいますよ。

手嶋　戦後80年近く、日本という国は、和戦の岐路で真に政治の決断を求められるような厳しい環境に幸いにも置かれなかった。ただ、これからの80年もそんな平和な環境が続くとは限りません。

山上　台湾有事は待ったなしです。政治のリーダーシップで「俺がすべての責任をとる。今や存立危機事態だ」と総理自身が言わなければいけない局面を覚悟しておくべきです。台湾海峡が中国共産党の支配下に入れば、制海権も制空権も中国共産党の手に落ちます。東シナ海全体が中国の内海になっていくわけですから。沖縄の海兵隊も米空軍もハワイやオーストラリアのダーウィンまで退くかもしれない。在日米軍の引き揚げすらあり得ます。台湾海峡は日本の存立事態に直接関わるのだという判断を下す政治家が必要です。これこそが政治のリーダーシップだと思います。

手嶋　政治家にとって最大の責務は何を優先するか、この一点に尽きるのです。山上さんとは考え方や情勢認識が異なる面も多いのですが、台湾海峡を巡る情勢は、日本の安全保障にとって死活的に重要であることでは全く同じです。それだけに、大局観を備えたリーダーを鍛えに鍛えて送り出さなければと思います。

集団的自衛権と反米

手嶋　戦後の日本は、憲法解釈上の制約もあって、「集団的自衛権」の行使にタガをはめてきました。こうした事態に陥ったのは、言うまでもなく日本が先の大戦に負けたからです。山上さんが外務省を辞め、自由な言説が可能になって以来、山上さんの発言に心動かされている人々も多いと聞きます。そうした方々の中には〝反米保守〟という一群の人たちも含まれます。そうした〝反米保守〟の共通項として、「大東亜戦争」なるものが自存自衛の正義の戦いだったという主張があります。私はあの戦いが〝正義の戦争〟だったのか否かではなく、当時の国際政局を見渡して、勝てる見込みのない戦争に突き進み、負けてしまった責任が大きいと考えます。当時の政治指導者に甘い評価を与えるわけにはいきません。敗戦の結果、国土を焼け野原にして占領され、勝者から不平等な条約を押し付けられたのですから。この一事をもってしても戦争には決して負けてはいけないと思っています。

山上　大事な論点だと思います。私は既に本を五冊出し、様々なインタビューを受け、講演で話したりしています。その経験に照らして話すのですが、今の日本に〝反米〟という人たちが果たしてどれだけいるのだろうかと感じています。

手嶋　保守陣営の中には〝反米保守派〟は厳然として存在しますよ。お断りしておきますが、私は別に親米ではありません。今の日本が米国と安全保障の盟約を交わし、中国、ロシア、北朝鮮への抑止力を培っている、そのリアリズムを大切にしているに過ぎません。

山上　アメリカよりも中国との関係を重んじる、そんな人々が自民党の中にさえいます。これこそ「反米」ではないでしょうか？　ですから、反米の定義をよく詰めなければいけない。世間で〝反米〟と見られている人の相当数は、実は真の意味での〝反米〟ではなく、「アメリカに物申せない日本にフラストレーションを感じている」という人だと思います。そういう人たちを「反米」というカテゴリーに括ってしまうのは如何なものかと思います。今の日本が置かれた戦略的環境にあって、アメリカの力、とりわけ圧倒的な軍事力、情報力、経済・技術力、政治・外交力を使わずに日本が独力で自らの存立を守れると思っている人はいないと思います。

手嶋 本当の意味での反米保守派は少ないと考えているのでしょうか。

山上 日本国内で反米感情を醸成している誤解の一つは「日米合同委員会」です。アメリカの基地の一角にある広尾・山王ホテルに外務省の北米局長以下、防衛、経産省等の高官までが呼びつけられ、在日米軍の司令官から指示を受けているといった類いの話です。構造改革や郵政民営化もそこで決まったというような言説が今も流布しています。私も条約局の審議官や条約課長として合同委員会に何度か出ましたが、そんなものではありません。沖縄国際大学にヘリが墜落した時、事故の対応をどうするかといった、行政的、実務的な話を詰める場所だと説明していますが、事実に基づかない、不正確な情報に踊らされ、日本はアメリカの言いなりになっていると信じている人がいるのは現実なのです。

手嶋 「日米合同委員会」を巡るいわば都市伝説が反米感情を培養しているという話には驚かされますね。

山上 歴史認識については、安倍晋三総理の戦後70年談話で国内議論には一応のケリがついているのではないでしょうかと説明しています。おそらくそれは、日本の知識人の相当数の意見の公約数ではないかと思います。大東亜戦争は欧米列強による植民地主義、帝国主義の時代に戦われました。今とは時代状況が大きくかけ離れていました。当時の日本は、どうにかして自分たちも西欧列強のサークルに加わりたいと願っていました。アメリカ、イギリス、フランス、オランダなどがアジア各地において宗主国として立ち振る舞うなら、日本もそうなりたいと思ったこと自体に驚きはないでしょう。日本は他のアジア諸国のように列強の手によって植民地化されたくないと考え、朝鮮半島、満洲、やがて華北に進出していきました。当時の時代状況から言えば、日清戦争・日露戦争、特に日露戦争では奇跡的な勝利を収めて、日本も帝国主義へ歩み始めたのです。二つの大きな戦争で日本の兵士が血を流したことで、日本の独立、安全保障を確保するとともに、朝鮮半島から清や帝政ロシアの勢力を追って、満洲の権益を確保した。やがて、日本が中国大陸に強大な権益を持つことに新興の大国アメリカが異を唱えるようになり、中国大陸をこれ以上蹂躙することはまかりならないと主張し、日米の対立は深まっていきます。

手嶋　満洲事変が起きると、日米関係は一段と厳しいものになり、日米は外交交渉を通じて幾度も関係の改善を模索するのですが、日中戦争が泥沼化して、日米関係は決定的に険悪になっていきました。

山上 そうした動きと前後して、日米関係ではアメリカ側にあって黄禍論が高まり、日系移民が排斥される事態があったことも指摘しておくべきでしょう。最後はルーズベルト政権から「ハル・ノート」という最後通牒を突き付けられ、「中国から日本の軍隊だけでなく、警察力も出ていきなさい。さもないと戦争になりますよ」と迫られます。帝国主義の時代に生きていた日本がこれで中国から退くことができたと思いますか？

手嶋 開戦直前の情勢はそうなのですが、帝国陸軍の内部にすら展望のない日中戦争を続けることに反対論があったのです。外交官の山上さんは、日本の若い方々に精緻な説明をする責務があると思います。

山上 そうすると手嶋さんの意見としては、通州事件、日本の華北支配に中国側が反発するだけでなく日本軍人や無抵抗の居留民が襲撃・虐殺までされ、日本人の婦女が凌辱されたりした事件が発生していたにもかかわらず、「わかりました。ハル・ノートを受け入れて中国から軍隊だけでなくて警察も引きます」と譲歩すべきだったと思われるのですか。

手嶋 いえ。ハル・ノートが出てくる遥か前の段階で、外交上の選択肢はあったと言っているのです。英国の宰相チャーチルは、何とか日本を対米戦争に引きずり込みたいと考えていたのですから、日本はそんな術策に陥ってはいけなかった。ハル・ノートのずっと前に外交の余地はあったはずです。自分の聞きたいことだけを山上さんから聞きたいと思う人も多いはずです。だからこそ、精緻な歴史議論を尽くしてもらいたいと思います。

山上　大東亜戦争の本質は何か。まさしく中国を巡る戦争だったのです。ところが、一連の戦争を「太平洋戦争」と呼称するのは欺瞞で、占領軍が押し付けた言葉です。手嶋さんが長年おられたＮＨＫはじめ、日本のメディアに広くみられる通弊です。戦後の「太平洋戦争」という呼称が、この戦争の本質について誤解を招いたと思います。太平洋戦争と言えば言うほど日本とアメリカが真珠湾やミッドウェーで戦ったあの戦争になってしまいます。

手嶋　日中戦争こそが日本に敗北への道を歩ませたのですが、日本の政治指導部の至らなさから遂に解決できなかったのです。その点が山上さんとの違いです。

山上　当時のアメリカも、中枢部まで「赤化」が相当進み、中国に共感するとともに中国に進出したい、日本の欲するようにはさせないと考えていました。そんなアメリカに「中国から出ていけ」と言われて出ていけたでしょうか。私は、大東亜戦争は中国における支配・利権を巡る日米戦争だった、それが日本語英語双方で膨大な関連文書を渉猟した私の歴史の解釈です。

第五章 緊急対談 戦後80年「日本外交のあるべき姿」

手嶋　それなら、蒋介石政権と大胆に結んで延安そしてソ連と対峙するとか、満洲の権益を優先させて中国北部の利権で譲歩するとか、様々な外交上の選択肢があったはずです。しかし、結果的には、どれもなす術がなく、泥沼の日中戦争も解決できないままに、対英米決戦に引きずり込まれていったのが悲しい現実です。当時の軍と政治の指導部は、明治のそれと較べて、決断力に富んだ人材を決定的に欠いていたと言わざるを得ません。

山上　「昭和に人材なし」とは、まさに司馬史観そのものですね。「負ける戦争をしてはならない」とは、開戦時・敗戦時に外相を務めた東郷茂徳の辞世の句にもありますが、果たして戦争は勝てるものだけに限定してできるものでしょうか？「モナコやルクセンブルクのような国でも立ち上がったであろう」と喝破したパル判事の判断も無視できません。

歴史の流れから見ると「ハル・ノート」が一つの重要な局面であったことは間違いありません。ただ、「ハル・ノート」に至る経緯も大切だという点に反対はしません。であれば、なぜ共和党のアメリカ大統領で、フランクリン・ルーズベルト大統領の前任者ハーバート・フーバーのような人が、これは「madman's war」だと言いきっているのでしょうか。民主党のフランクリン・ルーズベルト大統領が、日本をコーナーに追い詰めて戦争に仕向けたという見立てが、アメリカ共和党の中にも脈々とあるのです。私はここで大東亜戦争肯定論を言おうとしているのではありません。戦略・戦術の双方において水漏れが随所であったのが当時の大日本帝国でした。例えば、開戦するにしても何故パールハーバーに向かったのか、私は納得していません。それらをすべて美化して、「仕方がなかったんだ。俺たちは正義の戦いをやった」などと言うつもりはありません。

手嶋　山上さんは、保守派の人たちの篤い信任を得ています。保守派の人たちも山上さんの話には耳を傾けます。それだけに、国家の外交が機能しなかったあの一連の戦争について、客観的にして冷静に語る責務があります。

山上　手嶋さんは、一連の戦争をどう呼んでいるのですか。

手嶋　満洲事変から日中戦争、そしてノモンハン戦争から太平洋戦域の戦争をひとかたまりのものとして、〝アジア・太平洋の戦争〟と呼んでいます。さらには、第一次世界大戦から第二次世界大戦に至る期間も、短い戦間期を挟んでほぼ一つのものとして〝20世紀の大戦〟と受け止めています。日中戦争、太平洋戦争、ノモンハン戦争と細切れにしては、ご指摘のように〝戦争の世紀〟の本質を見誤ってしまうと思います。一番の問題点は、仕方なく戦争に至ったとしても、やる以上は負けてはいけない。少なくとも勝つ目途がない戦争はしてはいけません。日露戦争は、辛うじて負けないわずかな道を見出しつつ、当時の戦争指導部が渾身の力を尽くしたのです。勝てない戦争など断じてやっては駄目なのです。

山上　気を付けるべきは、そうした議論の延長として、「今の中国にはかなわないから仲よくしよう」という媚中派が出てくることではないでしょうか？　かなわないわけでも抑止が効かないわけでもないのに、敗北主義に陥ることがあってはならないでしょう。

応答要領政治の招いたもの

山上　石破政権についてもう一つ申し上げると、石破内閣がスタートしてから総裁選の候補者だった政治家の一人が「日中関係はどうするんですか」と石破総理に聞いた。すると一言だけ「戦略的互恵関係を進めます」と答えました。これはもう、思考停止です。戦略的互恵関係とは何を意味するかという議論さえ行われない。だからかつての「日中友好」のお題目と同じように、今の日中関係では「戦略的互恵関係」を唱えればそれでいいと呪文のように繰り返す人がいるんです。

手嶋　でもこれには外務省にも重い責任があると思います。戦後の外交スタイルは、旧陸軍の幕僚政治と通底しています。山上さんが条約課長や審議官を務めた条約局、今の国際法局は、日本外務省では絶大な力を振るい、人材の中央山脈でした。何か重大な事態が起きると、まず条約官僚が国際法の視点から見解を示し、総理や官房長官の答弁要領の筆を執ります。外務省の逸材が、国家の基本路線を定めると言っても過言ではありません。政治の側が条約官僚の答弁要領から逸脱することは殆どなかったはずです。若き山上条約課担当官としては、さぞかしやりがいがあったことか。しかし、こんな属僚政治を繰り返していると、政治指導部から真の決断力を殺《そ》いでいくことになる。日本の「戦略的互恵関係」、米国の中国に対する「戦略的忍耐」はまさにその悪しき典型です。こんな「答弁要領政治」から、かのウィンストン・チャーチルは決して生まれません。

山上　かつての敵の頭領であったチャーチルを崇めることには抵抗を覚えますね（笑）。それは措くとして、「条約局栄えて国滅ぶ」と私もよく言われました。戦後の日本外交の一断面として法解釈、条約解釈、さらには国会答弁訓詁学を前面に出し、逆にそれによって日本外交の本来自由であるべき政策展開の手足を縛ってきた面があることは否定しません。これは負の側面ですが、同時に条約局が頑張ってきた面もあります。とりわけ戦後処理がそれです。戦後処理は条約をしっかり締結して対応してきたのです。これはアメリカ

第五章

緊急対談 戦後80年「日本外交のあるべき姿」

はじめ連合国との間でも、旧ソ連との間でもそう、それから韓国、中国との国交正常化でもそうでした。しっかりと戦後処理をやる。その基本は「請求権の相互放棄」に象徴されています。日本として領土・在外財産を失い、賠償を支払う、或いはその代わりに経済協力を行う。その傍らで、もうお互いに恨みっこなし、という約束を取り付ける。このことを「請求権の相互放棄」と言います。サンフランシスコ平和条約でも、日華平和条約、日韓請求権・経済協力協定でも、日ソの共同宣言、日中共同声明、平和友好条約もみんなそうでした。条約局的に言えば、本来これで歴史問題を封印したはずです。

ところが戦後何十年もたってから、目の前の相手と居心地の悪い関係に立ちたくないとパンドラの箱を開けてしまった連中がいました。その典型が「１９９３年の河野談話」でした。慰安婦の問題はそもそも10年以上に及んだ日韓の国交正常化交渉で何ら議論になっていません。それからさっき言ったように、協定では「請求権を相互放棄し、完全かつ最終的に解決された」とまで明記しています。ですから慰安婦で被害を被ったから日本政府に金を払えというのは筋違いなのです。韓国としても今さら蒸し返すことはできないはずです。韓国の慰安婦が、補償を求めるべき相手がいるとすれば、それは韓国政府なのです。従来、条約局はそういう主張を一貫して行ってきました。ところが、そのたびに折れてしまう政治家と外務官僚がいて、妥協に妥協を重ねてきたのが、戦後の日本外交でもありました。

手嶋　戦後処理に当時の外務官僚、条約官僚が大きな役割を果たしたことは十分認めます。しかし、最重要の局面では、有権者から選挙で選ばれた政治家が、矢面に立って尽力しなければなりません。戦前の幕僚政治、戦後の属僚外交は、時に国家の行く末を誤ることを国民は肝に銘じるべきでしょう。こうした惰性の政治に、日本外交はなお拘束されていると思います。

山上　今の日本外交では、そうした「属僚」がいるとすれば国際法局（旧条約局）というよりも、むしろ国家安全保障会議事務局（ＮＳＳ）ではないでしょうか？　外務官僚が在外勤務を忌避するために現場の事情に疎い傾向を戦前の帝国陸海軍の若い参謀になぞらえ、拙著「日本外交の劣化　再生への道」（文藝春秋）で強く批判しました。ただし、これも使いやすい役人を身近に置きたがる政治家が招来した面があるので、政と官、いずれに問題があるか、という問題設定ではなく、一蓮托生の問題だと私は捉えています。

日本に対外インテリジェンス機関はできるか

手嶋　２０２４年の暮れ、シリアで驚きの政権崩壊が起きました。親子二代にわたってシリアを強権的に支配してきた〝アサド王朝〟があっという間に崩壊してしまいました。イスラエルの情報機関モサドもアメリカのＣＩＡも虚を衝かれた事態の急変でした。日本も含めた国際社会も想定外のことでした。ところが、今回のシリア情勢を比較的精緻に見抜いていた国がたった一つ、なんと北朝鮮でした。北朝鮮の国営メディアや当局が流していた一連の声明をみると「平壌は異変に気付いていた」と思わざるを得ない。ことシリア情勢についてては北朝鮮のインテリジェンスは実に的確でした。

山上　意外ですね。北朝鮮は中東にも武器を供給していると言われていましたから、情報のネットワークを張り巡らしていたのか、或いはアサド体制からのＳＯＳが北朝鮮にまで届いていたのでしょうね。

手嶋　中東の原油に大きく依存している日本にとっても、シリアをはじめとする中東情勢は死活的に重要なはずです。70年代のオイル・ショックの時とは違い、中東産の原油に依存する割合は減っているものの、先進工業国の中では、日本のようにホルムズ海峡を経由した原油になお8割以上を頼っている国などありません。それだけに日本のインテリジェンス能力がきちんと機能しているのか、心配になってしまいます。

山上　私も外務省でインテリジェンス部局を統括する責任者をしていたので、日本のインテリジェンス能力を強化すべしという指摘には全く同感です。実は日本という国は、イスラエル、エジプト、サウジ、UAE、イラン、トルコ、ヨルダンといった様々な中東諸国の首脳と誰でも会える強みを持っています。逆にそれは、コミットが薄く、関係が浅いという面もあるのですが。私が情報担当の局長として中東に行った時にも、モサドの長官だけでなく、サウジ、トルコ、イランの情報機関のトップともさしで話をしました。ああいう苛烈な地で鍛えられているインテリジェンス・マスターたちは、いずれも相当な強者です。だから日本もアンテナを張り巡らし、彼らを唸らせる情報を携えていってこそ、貴重な情報を取ることができると実感しました。その意味でも日本が中国、さらにはアメリカについて語るべきものを持っているかが肝要なのです。

手嶋　情報の世界は、等価交換が掟です。それだけに、日本のインテリジェンス・マスター山上局長が、相手を唸らせる一級のインテリジェンスを携えていかなければ勝負になりません。戦後の日本は対外情報機関を持っていないためハンデはあるのですが、ネバー・ギブアップだと思います。

山上 そう、最後は人間力です。日本のインテリジェンスが今のままでいいと考えている人がいれば、自分たちの外国のカウンターパートからどう見られているのか、その意識が低いからです。与えられた小さな井戸の中で、部下が書いた通りに読み上げるのが情報交換だと思っている人には、百戦錬磨の強者がそろう海外のインテリジェンス世界には到底入っていけません。自分で縄跳びをしているつもりでも、大縄跳びをやっている連中には到底太刀打ちできません。はっきり言えば、これが今の日本の情報機関の現実です。そうした現状を変革するには新たな対外情報機関を作るべしと我が著書でも訴えています。そのためには、セクショナリズムを打破しなければなりません。今の内閣情報調査室のようにトップを特定の官庁（今は警察官僚）の指定席にしてはいけません。国家安全保障局長のように各省の「乗り入れ」を認めるべきでしょう。

手嶋 警察組織の部長職も務めて、警察に知識も土地勘もある山上さんがそう言われるのですから、耳を傾けざるを得ませんね。G7主要国の中で対外情報機関を持っていないのは日本だけ。対外情報機関もない日本とどうして貴重な情報をやり取りする必要があるのかと考える国もあるはずです。ただ、一般の方々より、情報の現場に通じている者として言わせてもらえば、対外的な諜報活動を展開するインテリジェンス機関を立ち上げ、情報士官を育てるには、半世紀の時間を要すると覚悟すべきでしょう。

山上　だからこそ、今から始めなくてはいけない。人材の養成は途方もない時間がかかるからこそ、まさしく今、始めなくてはいけないんです。時間がかかるからと諦めるのではなくて、時間がかかると覚悟してすぐにも始めなくてはいけないと考えます。

手嶋　日本の官僚組織では、外交官、警察官、自衛官、検事、公安調査官が情報の仕事を担っていますが、対外情報を専ら担う専任の情報士官はいません。

山上　内閣情報調査室、公安調査庁と私がいた外務省・国際情報統括官組織、防衛省の情報本部、警察庁の外事情報部、法務省の公安調査庁内閣情報調査室の5つが人材を出し合って、正式な対外情報機関をオールジャパンで作り上げ、どこに出ても通用するインテリジェンス・オフィサーを育て、情報の世界でプレゼンスを発揮すべきです。

インテリジェンス・オフィサーは〝金も地位も名前もいらない、名誉もいらない〟という人でなければ務まりません。外国語をチャラチャラと操る外交官でも、武器を振りかざすだけの自衛官でも務まりません。新たな器を作ることで、情報は国家の命綱だという認識を共有すべき時だと思います。情報の収集、分析を個人技でやるのではなくて、日本国家として総力を挙げてやっていく、そんな問題意識が今求められているのです。

手嶋　公安調査庁の定員は1700人以上もいます。国家の組織にとって定員枠は極めて重要ですので、これは情報機関にとって十分な陣容といえます。戦後の日本になぜ対外情報機関ができなかったのか。日本のような潜在的なインテリジェンス能力を秘め、財政力がある国に〝長い耳〟を持たせてしまえば、将来、脅威になるかもしれない。同盟国のアメリカもそう考えた節があります。独自の〝長い耳〟を持たせなければ、日米同盟のジュニア・パートナーとして扱いやすいと思ったのでしょう。

山上　そうですね、やはり戦後、日本の軍隊は一度解体されましたから、情報機関もその延長線上にあったと思います。いわゆる〝瓶のふた論〟では、二度とアメリカに災厄をもたらさない国、歯向かえない国にしてしまう。その意味で、軍事力、情報力が極限にまで弱められたのです。ただ、歴史の皮肉で、今やそのアメリカが日本にもっと強くなってほしいと言っているわけです。自衛隊も、情報力もそうなのです。何人ものアメリカ人から「早く対外情報機関を作れ。今のままじゃ、俺たちのカウンターパートがいないじゃないか」と言われました。

手嶋　新たな対外情報機関を作るにしても、どのように組織を立ち上げるか、課題は山積しています。

山上　戦後の War Guilt Information Program（日本国民に対する再教育計画）もあったし、アメリカが日本を弱体化したのは間違いない事実ですが、アメリカとの同盟関係を見直して、日本の独立自尊を守っていくため、日本自らが軍事力、情報力を飛躍的に強化していくことが欠かせない時代を迎えていると思います。

日本はファイブ・アイズと協力できるか？

手嶋　日本の情報力を強化する。これには賛成ですが、そのためには「ファイブ・アイズ」つまり、アメリカ、イギリス、カナダ、オーストラリア、ニュージーランド5カ国が結んでいるUKUSA協定に基づいて機密情報を共有する枠組みの問題は避けて通れません。ロンドンのチャタムハウス（英国王立国際問題研究所）で議論をしていた折、「日本とは事実上の同盟関係に入りたい」と英国側が熱心に言うものですから、私から「それでは日本の〝ファイブ・アイズ〟入りを認めるのですね」と尋ねたところ、急に沈黙してしまいました。

山上　〝ファイブ・アイズ〟は実際にはフォーアイズ&ウィンクと言われ、ニュージーランドは〝アイ〟に非ず、と言われています。ただ、日本がファイブ・アイズと連携していくことは大変に重要だと思っています。でもただ、それでは〝シックス・アイズ〟になるのが望ましいのか。これにはいま少し議論を尽くす必要があると思っています。「べき論」は横に置いておいて、能力として入れるのかと言えば、はっきり言って今の状況では「ノー」でしょう。込み入った情報のやり取りを英語でこなせる人は、外務省でさえ何人いるのか覚束ない。〝ファイブ・アイズ〟の大縄跳びに入っていくのは至難の業です。

それからサイバー防衛体制の問題もあるし、セキュリティ・クリアランス（適格性評価）制度の問題もあります。海外の情報機関から見れば、日本の国会や主要省庁ほどセキュリティ・クリアランスを経ることも説明責任を負うこともなく有象無象が入り込んでいる機関はないわけです。ハニートラップもさることながら、北朝鮮、中国やロシアの息がかかった者すら少なからずいるというのが、情報のプロフェッショナルの見立てなのです。そんな国と本当に情報共有できますかというわけです。だから、今日本としてやらなければいけない宿題は山のようにあるのです。

手嶋　しかし、本当に問題なのは、コミュニケーションではなく、今の日本が彼らに一目置かれるようなインテリジェンスを持っているかどうかだと思います。

山上　さらに、フランス、ドイツ、中東諸国などの国からすれば、日本に貴重なインテリジェンスを渡してしまえば〝ファイブ・アイズ〟に事実上流れて共有されてしまうと勘ぐる向きも出てくるでしょう。日本はもう彼らと一蓮托生なんだなと。

手嶋　重要な論点ですね。情報の世界では〝サード・パーティー・ルール〟があります。ですから、相手側から伝えられた重要情報を相手の許可なく第三者に渡すことはできません。日本はそうしたルールを本当に守れるのか。情報の世界でもっと信用を培っていく必要がありますね。さらに、日本側もセキュリティ・クリアランス、国家の機密情報にアクセスする条件をさらに厳格化し、整えなければいけない。

山上　ただ、〝ファイブ・アイズ〟とやり取りした立場から言えば、アメリカもイギリスもオーストラリアも、日本の〝ファイブ・アイズ〟入りに対する反応にはいささか冷ややかなものがありました。「ちゃんと宿題を果たしてからおいでよ」「もっと一人前になってからおいでよ」という声もありました。日本で〝ファイブ・アイズ〟に入るべきと強く言っているのは、外務省でもインテリジェンスをやったことがない人たちです。私は、日本にはその前にやるべきことが沢山ある、まずそれをやってから、議論すべきだと思います。

手嶋 日本は懇願して仲間に入れてほしいとは言うべきでないと思います。中国情報一つとっても、彼らの方から参加をと言ってくる時が必ず来ると思います。

山上 たしかに、彼らが日本に何を期待しているのかと言えば、間違いなく中国情報です。日本が持っている中国に関する貴重なインテリジェンスを欲しがっています。アメリカもようやく厳しい対中認識を持つようになりましたが、オバマ時代は「関与政策」を唱えて、その対中認識は日本と相当のギャップがありました。オーストラリアは、現実の脅威を感じ取って、だいぶ追いついてきましたが、共通の基盤を作るためにも、情報の共有は欠かせません。

手嶋 インテリジェンスの世界は、その実態を国民にストレートに伝えられない面も数多くあります。それだけに〝インテリジェンス・ワールド〟の実情に精通した山上さんのような方が、批判にひるむことなく、日本のインテリジェンス・コミュニティの改革のためにより建設的な提言をしていただきたいと願っています。

（この対談は２０２４年12月に収録したものです）

あとがき

外務省にあって、私はアメリカンスクールの一員だった。留学先はニューヨーク・マンハッタンのコロンビア大学。国際関係論の大学院で日本の安全保障についての講義を聞いていた時、米国人教授が印象深い言及をしたのを今も覚えている。

「歴史的に日本にとっての安全保障上の課題は朝鮮半島を通じてやってくる。それ故、朝鮮半島は日本列島の上に吊り下げられているダモクレスの剣と評されよう」

朝鮮半島を通じてやってくる国難は、半島そのものから由来するものもあれば、北の中国、さらにはロシアを源とするものも多い。

そうした問題意識から、本書では同盟国アメリカとの関係を論じるとともに、中国、ロシアとの関係を中心に据えつつ日本外交を論じることとした。そして、手嶋龍一氏との対談では朝鮮半島情勢にも相当部分を割くこととした。

尚武の伝統、民族の矜持を大事にする観点からは、「負ける戦争をしてはならない」との手嶋龍一氏のいささか「マンデーモーニング・クォーターバック」的な発言に諸手を挙げて賛成するわけにはいかない。ただし、大東亜戦争を振り返った場合に指摘し得る戦略的な間違いは、ソ連の背信はあったにせよ、最終的には米ソ中という三大国を相手に干戈を交える事態に陥ってしまったことだろう。それ故に、本書では、2025年3月時点でのスナップショットを提供するだけにとどまらずに、国際情勢の潮流を勘案した戦略的アプローチを提示することを心掛けた。

米国ウォッチャーから一期4年だけの「逸脱」と捉えられてきたドナルド・トランプが大統領選挙に圧勝して再登板した以上、トランプ現象は米国の有権者の過半数の支持を得て根付いたと解すべきである。2028年の次期大統領選挙で民主党がホワイトハウスを奪還する見通しは立っていない。トランプが推し進めている「常識の革命」「力による平和」はトランプを越えて継承されていくことを念頭に置かなければならない。

もはや中国は鄧小平以来の「豊かな中国」ではなく、習近平国家主席になって「強い中国」の実現に邁進していることは明確だ。江沢民が導入した反日教育に加えて、習近平の下で展開されてきた戦狼外交が引き続き対日関係の基調を設定していくと見るのが至当だ。柔弱な日本の石破政権に対して向けられる微笑は、トランプのアメリカを警戒しての日米離間策と捉えるべきだろう。

安倍政権の進めた北方領土交渉への徒労感が今もなお泥のように関係者を包む状況下で新たなイニシアティブは当面は生まれないだろう。だからこそ、来し方行く末を暫し熟考する好機でもある。愚者として自らの失敗の経験に学ぶだけでなく、賢者として歴史にも学ぶべく、あえて日露関係史から教訓をくみ取るべく筆を進めてみた。

このような内容の本書を著すに際しては、外交官時代の私の経歴が大きな武器になったことは間違いない。チャイナスクールになれば日中関係、ロシアンスクールになれば日露関係に通暁することは当然であるが、私の場合はアメリカンスクールとして日米関係に深く関与したことに加えて、専門の条約交渉、インテリジェンスを通じて、中国やロシアとの関係にもたびたび首を突っ込む機会に恵まれたからだ。

外交官生活の駆け出しは、アメリカでの5年間だった。条約課担当官時代の日米半導体

あとがき

取極、北米二課長時代の牛肉ＢＳＥ問題、経済局長時代の日米貿易協定、国際捕鯨委員会（ＩＷＣ）脱退など、アメリカとの切った張ったの貿易・経済交渉に明け暮れてきたのは、苦くも懐かしい思い出だ。条約課長時代、総合外交政策局審議官時代は日米安保体制の強化、集団的自衛権の限定的行使を可能にする法制に取り組んだ。インテリジェンス担当の局長である国際情報統括官時代、アメリカとのインテリジェンス協力は最も重要な仕事だった。

中国との関係では、アメリカンスクールでありながらも中国課首席事務官、在香港総領事館総務部長を務めるなど、日中関係にどっぷりと漬かる機会が対中認識を形作った。

条約課担当官時代はゴルバチョフの訪日などの際にロシアとの文書作りに関わっただけでなく、旧ソ連解体後の旧ソ連諸国支援の枠組みである「支援委員会協定」作成に当たっては当時の小松一郎条約課長（後の内閣法制局長官）の指導を得つつ私が担当した。条約課長時代には隠密裏にモスクワで行われていた北方領土交渉に一度ならず参画した。

その後、政策企画・国際安全保障担当大使、日本国際問題研究所所長代行、国際情報統括官といった立場から欧米諸国との政策企画協議、知的交流、さらにはインテリジェンス協力に臨んできたところ、主たる話題は中国やロシアに如何に対峙していくか、だった。

また、これらの立場では、中国やロシアの政府関係者、シンクタンク関係者との息詰まるやり取りや口角泡飛ばす議論に当たってきた。

そうした長年にわたる霞が関、在外公館での経験、知見を基にして本書を著した次第である。

末筆ながら、アサ芸ビズで毎週コラムを書く機会を提供してくれただけでなく、本書出版の労をとっていただいた武光亜希子氏をはじめとする徳間書店関係者に御礼を申し上げたい。


退官後痛感するのは、日本のメディア、とりわけオールドメディアと称される大新聞や地上波テレビ局の言論空間のサイロ化だ。自分たちの政治的立ち位置や志向に沿う言説のみを繰り返し流すことに汲々としているメディアが大半を占める状況は、ジャーナリストというよりもアクティビストを眺めるかの如くだ。

そんな嘆かわしい状況下、徳間書店アサ芸ビズ「日本外交の舞台裏を抉る！」では、拙文が「検閲」されることなく尊重して貰え、有難い限りだ。唯一修文を求められたのが、かつて財務省員が虜となった「○○○○しゃぶしゃぶ」であったことは微笑ましい。日本

あとがき

外交の現状をリアルタイムで読者に提供する上で貴重なプラットフォームであり、徳間書店に改めて謝意を表明したい。

本作はアサ芸ビズ連載「前駐豪大使・山上信吾が日本外交の舞台裏を抉る！」を大幅に加筆し再構成したものです

〔写真〕松山勇樹
〔編集協力〕小西眞由美（春燈社）
〔デザイン〕鈴木俊文（ムシカゴグラフィクス）

山上信吾（やまがみ・しんご）
前駐オーストラリア特命全権大使。1961年東京都生まれ。東京大学法学部卒業後、84年外務省入省。コロンビア大学大学院留学を経て、01年ジュネーブ国際機関日本政府代表部参事官、07年茨城県警本部警務部長を経て、09年在英国日本国大使館政務担当公使、15年日本国際問題研究所所長代行、17年国際情報統括官、18年経済局長などを歴任。20年オーストラリア日本国特命全権大使に就任。23年末に退官。同志社大学特別客員教授や笹川平和財団上席フェロー等を務めつつ、外交評論活動で活躍中。著書に「南半球便り」「中国『戦狼外交』と闘う」「日本外交の劣化 再生への道」（いずれも文藝春秋）、山岡鉄秀氏との共著「歴史戦と外交戦」（ワニブックス）、石平氏との共著「超辛口！『日中外交』」（Hanada新書）がある。

国家衰退を招いた日本外交の闇

第1刷　2025年3月31日

著　者　山上信吾
発行者　小宮英行
発行所　株式会社徳間書店
〒141-8202　東京都品川区上大崎3－1－1
目黒セントラルスクエア
電　話　03-5403-4379（編集）049-293-5521（販売）
振　替　00140-0-44392
印刷・製本　中央精版印刷株式会社

ISBN978-4-19-865985-1